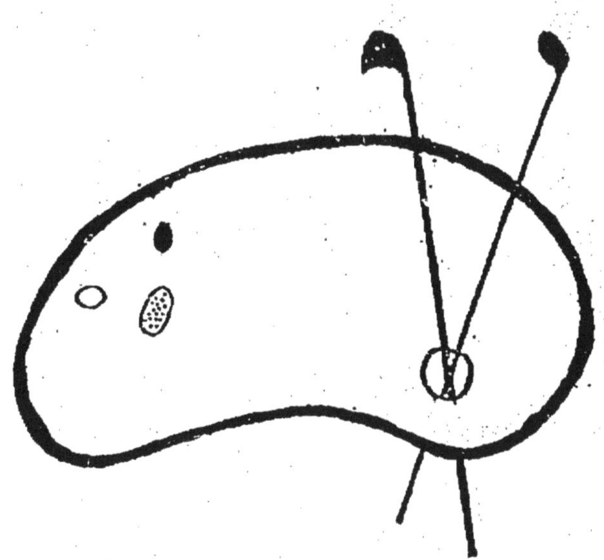

LES DOCTRINES

DES

CONGRÈS OUVRIERS

DE FRANCE

PARIS — LYON — MARSEILLE

PAR

OLIVIER DE CEINMAR

« La cupidité est la raison de tous les maux, et le désir de posséder a fait errer plusieurs dans la foi. »

(I Tim., VI, 10.)

PARIS

E. PLON ET Cie, IMPRIMEURS-ÉDITEURS

10, RUE GARANCIÈRE

1880

PARIS. — TYPOGRAPHIE DE E. PLON ET Cie
8, RUE GARANCIÈRE.

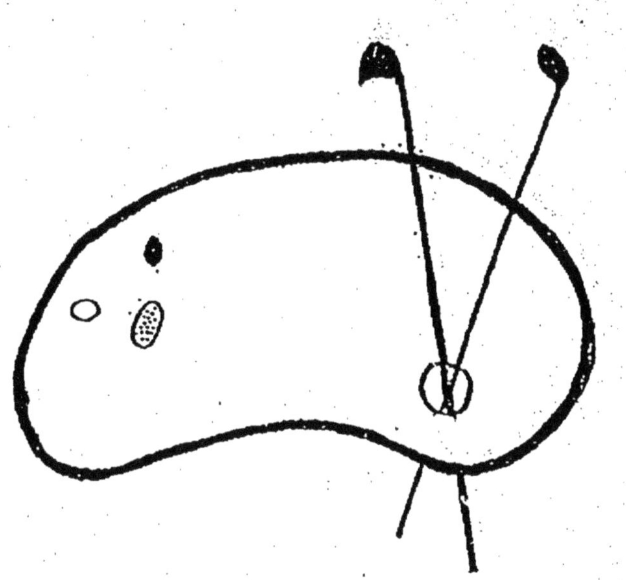

FIN D'UNE SERIE DE DOCUMENTS
EN COULEUR

LES DOCTRINES

DES

CONGRÈS OUVRIERS

DE FRANCE

Ce volume a été déposé au ministère de l'intérieur (section de la librairie) en avril 1880.

PARIS. TYPOGRAPHIE DE E. PLON ET Cie, 8, RUE GARANCIÈRE.

LES DOCTRINES

DES

CONGRÈS OUVRIERS

DE FRANCE

PARIS — LYON — MARSEILLE

PAR

OLIVIER DE CEINMAR

« La cupidité est la raison de tous les maux, et le désir de posséder a fait errer plusieurs dans la foi. »
(*I Tim.*, VI, 10.)

PARIS
E. PLON ET Cie, IMPRIMEURS-ÉDITEURS
10, RUE GARANCIÈRE

1880

PRÉFACE

C'est le cœur soulevé par le dégoût, l'âme envahie par la tristesse, que j'ai entrepris de rendre compte « des grandes assises du travail », tenues à Paris, à Lyon et à Marseille. Je n'aurais pas achevé la tâche que je m'étais imposée, si je n'avais cru remplir un devoir, le devoir d'un soldat de l'armée de l'ordre qui a vu l'ennemi et le signale. C'est pour cela que j'ai refoulé mes premières répugnances. Puissent mes faibles efforts contribuer, pour leur part, à arracher mon pays à l'armée du désordre, dont les rangs grossissent chaque jour. Ce travail n'est ni une œuvre de haine, ni une œuvre de parti, mais, j'ose le dire, une œuvre de justice, où la vérité est proclamée sans crainte comme sans passion.

Voici quelle division j'ai adoptée. L'*Avant-Propos* contient l'historique des congrès ouvriers de France, montre leur danger et les responsabilités encourues, enfin présente un tableau, aussi véridique que possible, de l'aspect des séances. L'*Introduction*, qui vient ensuite, est un court résumé des doctrines socialistes; on a cherché à y établir leur filiation. L'Introduction est suivie d'un exposé des théories des congrès, telles qu'elles se sont produites; elles forment le *Précis des congrès ouvriers de France*. Ce Précis résume les discours prononcés par la majorité des orateurs, d'après l'ordre qui m'a paru le plus logique. Le congrès de Marseille est, comme on le verra, de beaucoup le plus violent, bien que ce qui s'y est dit soit contenu en germe dans les deux autres. Des renvois indiquent les séances où les opinions citées se sont produites; on pourra ainsi se rendre compte des faits, et j'évite de faire de la réclame aux orateurs en imprimant leurs noms. Ces renvois n'ont lieu, je crois inutile de le dire, que pour les opinions les plus avancées et pour lesquelles on pourrait me taxer d'exagération.

Je n'ai pas cru devoir m'en tenir là, et dans quelques brèves *Considérations*, j'ai rangé méthodiquement les principaux arguments à opposer aux sophismes de la Révolution. Le travail est terminé par une *Conclusion*, où j'indique quelques remèdes qui rendraient la santé à la société malade, et par des *Appendices* et des *Pièces justificatives*, où sont réunis divers documents utiles à consulter.

Paris, ce 8 décembre 1879.

O. C.

AVANT-PROPOS

C'est dans les discours des orateurs et les manifestes des comités d'organisation que nous allons trouver la pensée qui a présidé à la création des congrès ouvriers, leur histoire, leurs aspirations.

Dès que la forme républicaine a été constitutionnellement acquise, la classe ouvrière a pensé à se séparer de la bourgeoisie [1], avec laquelle elle avait jusque-là fait cause commune. Après 1875, l'ère « des chevaux de renfort » fut définitivement close, et on songea dès lors à réunir des « états généraux du travail [2] », destinés à avoir pour les travailleurs les mêmes conséquences qu'avaient eues pour la bourgeoisie ceux de 1789 [3]. Les rapports constants entre Paris et les États-Unis à

[1] Congrès de Paris. Historique du Congrès.
[2] Congrès de Paris, séance du 4 octobre.
[3] Congrès de Paris; rapport d'ouverture.

l'occasion de l'Exposition universelle de 1876, les réunions tenues dans le but d'envoyer des délégués à Philadelphie, et différentes autres causes, vinrent favoriser les idées d'émancipation qui jusqu'alors étaient à l'état latent dans la classe *prolétarienne.* C'est du concours de ces circonstances diverses qu'est née la pensée de réunir en France des congrès ouvriers. Leur but, tantôt avoué, tantôt caché, est de hisser le drapeau des revendications sociales, et de chercher les moyens pratiques de groupement du prolétariat en un parti ouvrier. La nation entière, nous assure-t-on, a acclamé les premières tentatives faites, et de toutes parts on a applaudi les manifestes envoyés par milliers dans toute la France [1] par les comités d'organisation. Grâce au mode de délégations adopté, les résolutions prises n'engagent plus seulement les mandataires qui les votent, mais aussi leurs mandants [2].

Le premier congrès ouvrier de France s'est ouvert à Paris le 2 octobre 1876 sous le ministère Dufaure-de Marcère [3]; le second s'est ouvert à Lyon le 28 janvier 1878 sous le deuxième ministère Dufaure-de Marcère [4]; le troisième s'est ouvert

[1] Congrès de Paris, séance d'ouverture.
[2] Manifeste du comité d'organisation du congrès de Paris.
[3] Ministère du 10 mai 1876.
[4] Ministère du 14 décembre 1877.

à Marseille le 20 octobre 1879 sous le ministère Waddington-Lepère. On voit que les congrès ouvriers ne furent autorisés que par les ministres libéraux. Les ministères réactionnaires ou soi-disant tels les interdirent. C'est à cause du 16 mai que le congrès de Lyon ne put se réunir que le 28 janvier suivant. Personne ne niera l'immense chemin fait par le gouvernement de la France dans le sens véritablement républicain entre le 2 octobre 1876 et le 20 octobre 1879. Eh bien! ce chemin a aussi été fait, non dans les principes posés aux congrès ouvriers, mais dans la manière plus nette d'en tirer les conséquences. Le congrès de Paris a paru à l'un des personnages les plus influents du parti républicain, correct et parfait [1]. Ce personnage a même trouvé que les ouvriers n'avaient pas été assez loin dans leurs revendications; il serait curieux de savoir s'il pense toujours de même après le congrès de Marseille.

Les délégués de ce congrès, dans une séance préparatoire tenue le 19 octobre, ont déclaré qu'ils étaient tous *collectivistes;* la même déclaration a été faite en séance publique au nom de la majorité des délégués le 30 octobre, veille de la clôture des travaux. Dans le premier cas comme

[1] Congrès de Lyon, séance d'ouverture.

dans le second, personne n'a protesté, et, en séance publique, des applaudissements frénétiques ont éclaté à la lecture du document révolutionnaire [1] qui consacrait le principe collectiviste. Aussi, dès sa première séance, le congrès de Marseille a-t-il changé son étiquette. Le troisième congrès ouvrier de France s'est fait nommer « troisième congrès ouvrier socialiste ». En réalité il a eu raison : il est bien le troisième congrès ouvrier socialiste de France ; les deux premiers l'étaient comme lui. La lecture du Précis des congrès ne laissera aucun doute à cet égard; mais si on veut s'en convaincre *de visu*, on n'a qu'à lire la déclaration faite au congrès de Paris, à la séance d'ouverture, par le citoyen secrétaire de la commission d'initiative. Il fait remarquer à l'Assemblée qu'il faut du calme dans l'expression parce que l'administration veille et ne laisserait peut-être pas les orateurs dire ce que tout le monde pense, à savoir qu'il faut que le capital et bien d'autres privilèges de la société moderne disparaissent [2]. En 1876, l'administration veillait encore! En 1879, les orateurs savent le cas qu'il faut faire de l'administration, et ils en profitent.

[1] Pièces justificatives. Document C.

[2] Voir *Congrès de Paris*, pages 128, 134, 160, 173, 231, 271, 281, 309, 383, 395, 508, etc., et *Congrès de Lyon*, pages 14, 284, 289, 311, 344, 360, 488, etc.

Que nos gouvernants se le disent (style ministériel), ni eux, ni leurs amis de la veille ou du lendemain n'ont échappé à la vindicte ouvrière. MM. Andrieux, L. Blanc, E. de Girardin, V. Hugo, G. Naquet, Le Royer, J. Simon, etc., ont été bafoués, ridiculisés. Quant au « grand pontife de l'opportunisme », M. Gambetta, on verra comment il a été traité, surtout par les délégués de Paris. L'homme qui a nom Jules Ferry n'a même pas trouvé grâce devant ces gens-là. Un des orateurs les plus violents, partant des plus écoutés, a demandé de quel droit le ministre de l'instruction publique méditait de rendre l'instruction obligatoire. M. Ferry ignorerait-il, a-t-on ajouté, que le salaire de l'enfant est nécessaire au père, pour les empêcher tous deux de mourir de faim?

Les questions traitées dans les congrès de Paris, Lyon et Marseille ont été, comme je l'ai déjà dit, résumées dans ce travail. J'ai entendu ou lu *trois cent et quelques discours*, et ce que je dis pour chaque question est conforme à l'opinion de la grande majorité des orateurs. Souvent j'ai dégagé la pensée des voiles dont on l'entourait par prudence ou par ignorance du mot propre; quelquefois j'ai accentué la note pour mettre de l'harmonie entre ce qui précédait et ce qui suivait; en aucun cas je n'ai inventé. Il m'a fallu, pour donner de l'unité au travail, le refondre dans un moule uniforme, mais je l'ai fait en respectant souvent jusqu'aux expressions mêmes des délégués, et en conservant presque partout leur style emphatique, et aussi quelquefois les grands mots vides de sens dont les discours sont émaillés. Toutes les solutions des questions, quand on en propose, roulent autour d'un pivot central, apparent ou réel, le renversement de la société contemporaine. Ce parti pris de tout rattacher à un point de départ commun m'a obligé à certaines répétitions; elles étaient nécessaires pour conserver aux débats leur caractère.

Toutes les salles des congrès se ressemblent plus ou moins. Des devises mirobolantes sont placardées çà et là. Je note celle-ci qui est souvent répétée, et qui est celle de l'Internationale : *Pas de droits sans devoirs : pas de devoirs sans droits.* Au centre de la salle sont les délégués séparés du public; en face, la tribune. L'auditoire occupe le pourtour. A chaque séance on nomme le bureau par application des idées de nivellement de la démocratie. Cette manière de procéder, jointe aux incidents qui se produisent sur le procès-verbal, fait perdre chaque jour un temps précieux; on voit bien que les délégués sont là aux frais de leurs électeurs. Quand on traite des questions passionnantes, la salle ressemble à une cage de bêtes féroces; s'il s'agit de questions sérieuses ou de questions d'affaires, tout le monde bâille : on peut juger par là si les congrès peuvent avoir de bons résultats. En tout cas, jusqu'ici la preuve contraire a seule été faite. Les orateurs, hommes ou femmes (car celles-ci prennent aussi la parole et même président les débats), lisent leurs discours, préalablement approuvés par une commission. De cette façon, les entraînements sont moins faciles; et cependant, à la session de Marseille, nous avons vu exalter publiquement les martyrs de 1871 et maudire leurs bourreaux[1]! Que serait-ce s'il n'y avait pas eu de commission? A la tribune, les orateurs n'ont qu'une liberté, celle d'être de l'avis de la majorité; s'ils résistent aux interpellations, les murmures éclatent, et on va même jusqu'à leur enlever la parole[2]. Au congrès de Marseille, auquel il faut toujours revenir, parce qu'il a donné le diapason des congrès ouvriers, une seule protestation énergique et spontanée s'est fait entendre durant tout le cours de la session; son auteur a été expulsé de la salle[3].

Je sais bien qu'il y a eu d'autres protestations; à mon avis, elles n'ont aucune valeur et n'infirment

1 Congrès de Marseille, séance du 27 octobre.
2 Congrès de Paris, de Lyon et de Marseille.
3 Congrès de Marseille, séance du 28 octobre

en rien les dangers des congrès ouvriers. Celles d'entre elles qui se sont produites à la tribune sont timides, et les raisons invoquées mesquines. Personne n'a osé défendre nettement la propriété individuelle au nom de la morale et de la raison ; si on se hasarde à prendre leur cause en main, c'est, dit-on, que le moment n'est pas venu pour le collectivisme, et alors, pour s'excuser, on demande l'abolition de la rente et de l'intérêt de l'argent [1]. Les protestations adressées aux journaux, du reste peu nombreuses, ne sauraient non plus avoir une signification. Telles qu'elles sont, je n'y vois, pour ma part, qu'une manœuvre de l'opportunisme aux abois. Je sais que les idées des congrès sont loin

[1] Ce travail était fait quand on m'a communiqué le numéro du *Journal des économistes* du 15 décembre, où il est dit « que des délégués sont montés à la tribune pour combattre avec courage les idées révolutionnaires » du congrès de Marseille. On cite les citoyens Rousset, Finance, Bonne, Goutte, Garmy, Vachier. Or, le citoyen Rousset accepte les considérants écrits en tête du programme des collectivistes ; il diffère seulement d'eux quant aux moyens d'exécution, *parce qu'il ne croit pas ces moyens pratiques.* (Congrès de Marseille du 24 octobre.) Le citoyen Finance demande que le congrès ne se déclare pas pour la propriété collective, parce qu'en le faisant on pourrait mettre en danger la République, à cause des habitants des campagnes « non encore préparés à la question ». (Congrès de Marseille, séance du 31 octobre.) Le citoyen Bonne, lui, demande l'impôt unique et proportionnel, et aussi que les salaires

d'être partagées par tous les travailleurs, mais elles le sont par les meneurs. Voilà le danger. A l'inverse du poison qui tue le corps, le poison qui tue l'âme ne perd pas de sa force en se divisant, et une seule goutte suffit pour donner la mort à tout un peuple. C'est du poison moral que distillent les congrès. Ils popularisent certaines formules fausses qu'ils répètent avec audace, et achèvent de désorganiser les esprits déjà si ébranlés. Les violents ont toujours su quelle besogne faire pour devenir les maîtres. Que ceux qui en doutent se souviennent du 21 janvier 1793 et du 22 mai 1871. La mort du roi Louis XVI a été le plus grand crime de la France, et elle souffre encore des conséquences qu'il a entraînées; le massacre des otages a été un crime presque aussi grand que le premier, et leur sang crie vengeance. Ces deux forfaits sont l'œuvre d'une minorité de violents dont les débuts avaient

soient augmentés d'une somme représentant une part proportionnelle dans les bénéfices, dont le capital est seul à profiter jusqu'ici. Quant au citoyen Goutte, il dit qu'il n'est pas révolutionnaire, mais il ne trouve comme solution du problème du travail que l'organisation en France des artèles russes, précisément au moment où la Russie les abandonne. Les citoyens Garmy et Vachier sont les délégués de Clermont-Ferrand, et les deux ne font qu'un. Leurs idées sont opportunistes, mais ils se dédommagent en tombant sur le cléricalisme. A mon avis, c'est la pire manière d'être révolutionnaire.

été précisément les mêmes que ceux des clubistes des congrès ouvriers. Depuis la Révolution, la France appartient aux violents ou aux forts.

Les discours des délégués sont, en général, composés par eux. On voit qu'ils ont entendu parler de Voltaire, de Babeuf et de Darwin, lu un peu de J. Jacques, de Cabet et de Saint-Simon, enfin lu et relu Fourier, Proudhon et Karl Marx. Ces trois derniers leur tiennent lieu de prophètes. Les orateurs se divisent en deux catégories : ceux qui parlent au nom du droit et ceux qui parlent au nom des appétits. Dans les deux cas on trouve la même haine de Dieu, le même désir de jouissance, la même incertitude des réformes à faire. La différence entre les deux catégories gît dans le plus ou moins de bonne foi, le plus ou moins d'habileté.

Je ne dis rien ici de la haine contre Dieu ni du désir de jouissance ; ces deux caractères sont écrits en lettres de feu à chaque page du Précis du congrès. Quant à l'incertitude des réformes à faire, elle est aussi très-visible dans le même Précis, mais elle est, en outre, caractérisée par l'abus des grands mots et des phrases à sensation. Pour rendre la lecture possible, je n'ai usé qu'avec modération du style pompeux et ampoulé qui est celui des congrès ; je crois cependant l'avoir employé suffisamment pour montrer *la manière* des orateurs. Le bon sens est souvent absent de leurs harangues, mais le mot science y joue un rôle prépondérant. Le mot justice est aussi très-souvent employé. On nous dit que le critérium de la justice est dans la conscience, et on ajoute sans sourciller qu'elle possède une force interne conduisant fatalement l'homme au bien. Ce dogme nouveau sera celui de la société de l'avenir, et, grâce à lui, les mots changent de sens. La justice devient l'injustice, le vice devient la vertu, et au nom de la *liberté,* de la *fraternité,* de la *solidarité,* de la *République démocratique et sociale,* on imagine je ne sais quelle organisation qui, vue de près, ne mérite qu'un nom: esclavage et tyrannie.

Les rhéteurs qui parlent au nom du droit sont nombreux; quelques-uns ont le cœur bon, mais tous ont le jugement faux ; le public n'est pas avec eux. « C'est M. de Mun qui parle », crie-t-on à l'un. « Il y a cependant un terme à la folie », hurle-t-on à un autre, et les deux malheureux délégués sont réduits, pour regagner leur popularité perdue, à stigmatiser l'Internationale noire, la moinerie, la pieuvre cléricale, etc. Le blasphème sort de leur bouche avec une aisance qui donne le frisson ; à ce prix, ils peuvent continuer et exposer au milieu de l'indifférence générale des théories qui leur semblent peut-être honnêtes, mais qui sont absurdes et surtout rebattues. Quant aux défenseurs des appétits, le succès qu'ils obtiennent tient du délire. Leurs théories peuvent se résumer par cette maxime, souvent répétée par eux : Place pour tous au banquet de la vie. Ils finissent par captiver tous les suffrages ; on sent qu'ils sont en communion parfaite d'idées avec leurs auditeurs.

Que l'on ne vienne pas dire que les congrès ouvriers ne sauraient avoir d'inconvénients, qu'il vaut mieux laisser se produire les théories dangereuses que de les comprimer, que les idées développées à la tribune ont peu de publicité, que les délégués ne représentent qu'un nombre infime de travailleurs. Erreur ou mensonge ! Les congrès ouvriers sont pour la société un danger réel, sérieux. Je sais bien qu'il y a certaines plaies du corps social qu'il faut supporter ; je ne nie pas qu'il ne faille ouvrir aux idées en ébullition certaines soupapes ; mais alors on prend ses précautions. Dans le cas présent, quelles précautions a-t-on prises [1] ? Serait-ce par hasard de n'avoir autorisé les congrès qu'à titre de réunions privées ? Étranges réunions privées que celles-là. On entrait aux séances à peu près comme on voulait, et les portes n'étaient fermées

[1] Les congrès ouvriers violent ouvertement la loi du 6 juin 1868.

que pour empêcher de sortir, probablement au nom de la liberté. Outre les deux ou trois mille spectateurs de chaque jour, il y avait dans la salle vingt ou trente reporters de journaux de toute la France. Les congrès de Lyon et de Marseille [1] s'étaient même payé le luxe d'un journal officiel contenant *in extenso* les discours jugés dignes de l'impression. Donc, grâce à la presse, ces réunions privées devenaient aussi publiques que si elles avaient été tenues sur la grande place de chaque village de la R. F. Les Français pouvaient ainsi apprendre chaque jour que, dans une réunion privée autorisée, on acclamait l'amnistie plénière, le partage des biens, la suppression de tout culte et de Dieu même, et que l'autorité regardait tout cela d'un œil indifférent. En ne défendant pas de pareils excès, on semble les approuver. Autrefois, quand la société française était solidement assise, on n'eût pas toléré de pareils scandales; aujourd'hui que cette société est ébranlée de la base au sommet, on les autorise. Il est vrai qu'autrefois les sociétés secrètes se cachaient, et aujourd'hui elles se montrent en plein jour. La franc-maçonnerie était une secte; l'Internationale est une religion. Telle est la

[1] Les séances du congrès de Paris sont résumées dans les *Droits de l'homme* et la *Tribune* d'octobre 1876.

différence des temps. On cite souvent l'exemple de l'Angleterre et des meetings pour prouver les avantages de la liberté. Les congrès ouvriers n'ont aucun rapport avec les meetings. Dans ceux-ci, il est des choses mises par tous au-dessus de la discussion : telles sont le respect de la religion du pays, celui de la reine, etc.; de plus, l'homme qui va à un meeting n'y vient pas chercher des idées, mais des raisons. Tous les assistants sont d'avance du même avis; ils se réunissent uniquement pour se le dire.

Pour que les congrès aient une plus grande autorité devant l'opinion, les organisateurs ont pris leurs mesures. Ils ont fait de ces « grandes assises du travail » une véritable assemblée d'ouvriers de toute la nation. Les délégués ne sont pas des individualités, mais les représentants des chambres syndicales, des associations ouvrières, des groupes d'études sociales, etc. Le secrétaire général du congrès de Paris calculait qu'en réalité 1,100,000 prolétaires [1] avaient en fait pris part à ce congrès, et sur ce nombre il assignait aux villes une proportion de 99 pour 100. En faisant des calculs analogues aux siens, on peut dire que les congrès de Lyon et

[1] Les prolétaires sont seuls admis à désigner des délégués et à être délégués.

de Marseille représentaient, le premier, 400,000 prolétaires, et le second presque autant. Remarquons en passant que l'élément rural a augmenté assez sensiblement. En outre, pour montrer que les frontières ne sont pas un obstacle à la fraternité des peuples, des adresses ont été envoyées de tous les pays civilisés « aux frères français ». *Caveant reges.*

Chose étrange! au moment où la France est menacée de succomber sous les coups de l'Internationale, la Providence permet que ses destinées soient remises entre les mains d'hommes appartenant à toutes les nations. Nos maîtres sont Génois, Anglais, Suisses, Badois, etc. Aussi doivent-ils trouver très-simple ce qu'a dit un orateur du congrès de Paris, à savoir « que peu importe que la France soit plus petite et l'Allemagne plus grande [1] ». Comment définir un pareil gouvernement qui permet de pareils congrès, à moins d'employer le mot du vaillant député du Gers, qui a dit : Le gouvernement est bien infâme [2].

[1] Congrès de Paris, séance du 9 octobre. Comparer cette affirmation avec celle contenue dans un des derniers discours de M. Hugo, où il est question de la fraternité universelle des peuples.

[2] Séance de la Chambre des députés du 16 juin 1879.

INTRODUCTION

Après le péché originel, Dieu abandonna l'homme à lui-même, et pendant un nombre de siècles inconnu de l'histoire comme de la science, l'erreur régna sur la terre. Satan faisait d'abondantes moissons. Tout à coup, par la puisance de la croix, les autels des faux dieux tombent, les temples élevés aux passions humaines sont détruits, et l'enfer étonné recule. Bientôt il reprend courage et déchaîne les hérésies contre la religion du Christ. Mais c'est en vain qu'il s'agite ; les hérésies ne naissent que pour mourir, écrasées qu'elles sont par la main des pontifes souverains dont le monde entier respecte l'autorité. Mais voilà que l'enfer retentit d'un long cri d'allégresse ; après quinze siècles d'efforts persévérants, il espère enfin reconquérir son empire perdu. Un moine apostat, travaillé par les aiguillons de la chair et poussé par l'orgueil, vient de lancer un défi au siége de Pierre. Il entraîne à sa suite les grands et les puissants, et les peuples dociles marchent derrière leurs maîtres. Effroyables responsabilités! Mystérieux liens que ceux qui unissent entre eux les membres de la famille humaine! Il est vrai que si l'exemple de quelques-uns peut produire un immense désordre, un seul juste aussi aurait sauvé Sodome. Quand Luther eut ébranlé l'autorité de l'Église, la raison humaine, cessant de s'éclairer à ce foyer lumineux, chancela. C'est ce qu'avait prévu l'Esprit des ténèbres. A partir du seizième siècle, l'erreur fait de rapides progrès. Au dix-septième siècle, on exagère les difficultés du salut; au dix-huitième, on ne croit plus que le salut soit nécessaire; au dix-neuvième, on dit que c'est un mensonge. Toutes les erreurs s'enchaînent, et de même que le protestantisme est fils des hérésies des premiers siècles, de même aussi le philosophisme est fils du protestantisme, et le libéralisme qui a engendré le socialisme est fils du philosophisme.

Le libéralisme a pris corps avec l'économie politique; de là il est passé dans la politique, puis dans la religion catholique elle-même, grâce à un déguisement. C'est le moment que l'enfer appelait de tous ses vœux. Avec une habileté véritablement satanique, il a su rendre complices du libéralisme religieux des chrétiens sans reproche, les premières intelligences parmi les catholiques de France. Il les a aveuglés jusqu'à leur faire croire possible, en matière de gouvernement, une alliance entre l'Église et la Révolution. Une pareille doctrine, exposée avec une bonne foi indiscutable, avec un talent supérieur, devait être exploitée par les ennemis du Christ, et elle l'a été. *Les catholiques libéraux*[1], dont la plupart sont morts aujourd'hui, et reçoivent certainement dans le sein de Dieu la récompense de leurs vertus, disaient : « Tolérons le mal puisqu'il est inévitable. » Les ennemis de l'Église, s'appuyant hypocritement sur leur autorité, ont dit : « Le mal est égal au bien ; mettons-les sur le même pied. » Aujourd'hui on en est venu à se demander s'il y a encore un bien et un mal, et

[1] Je ne puis parler des catholiques libéraux, et montrer les conséquences de leur doctrine qu'eux-mêmes n'ont jamais soupçonnées malgré leur rare intelligence, sans dire en même temps combien je désavoue les procédés employés pour les combattre par certains publicistes. Quand des hommes ont le talent en partage et que ces hommes ont le bonheur d'être catholiques, ils abusent singulièrement des dons de Dieu, entraînant dans la fange des adversaires respectables et seulement abusés.

beaucoup parmi ceux qui sont au pouvoir ne font cette distinction que pour préférer le mal. Voilà où ont abouti en fin de compte tous les libéralismes : libéralisme rationel, libéralisme philosophique, libéralisme économique, libéralisme politique, libéralisme religieux. L'enfer doit être bien anxieux en ce moment, car jamais terrain ne fut mieux préparé par lui et depuis plus longtemps pour régner ; jamais moment ne fut plus opportun pour reprendre le sceptre perdu il y a dix-huit siècles. Partout les peuples sont en révolte ; la vie des souverains est chaque jour menacée ; un déluge nouveau est imminent et engloutirait certainement la terre, si l'espérance en la Providence miséricordieuse n'élevait les cœurs des tièdes à la hauteur du danger. Ce déluge nouveau, c'est le socialisme venu au monde au moment où le protestantisme et le libéralisme se meurent ensevelis sous l'indifférence universelle.

Ce mot « socialisme » est d'hier ; en réalité, la chose est plus ancienne. L'économie politique se définit elle-même, la science de la formation, de la répartition et de la consommation de la richesse ; elle ne tient aucun compte de son but moral. Elle est essentiellement la science de la terre, la science de *l'homme-pourceau.* Le socialisme est en germe dans cette économie politique-là. Ce que veut l'Esprit du mal, c'est perdre les âmes : pour réussir, il a poussé au développement matériel et voluptueux de l'humanité, en même temps qu'il sapait les principes de l'ordre moral, fondement de toute société. C'est alors qu'il a organisé l'enseignement *civil*, la presse athée, la prostitution sous toutes ses formes, les théories d'émancipation des classes et de la souveraineté du nombre. Il y a dix ans environ que le socialisme s'est cru assez fort pour marcher seul; il a divorcé avec l'économie politique avec laquelle on le confondait auparavant. Il s'est montré résolûment, non plus comme la science de la richesse, mais comme la science des besoins que la richesse satisfait. A l'origine, il s'est divisé en trois branches principales, sœurs ou presque sœurs, la branche positiviste, la branche mutuelliste, la branche collectiviste. Aujourd'hui ces branches sont réunies et forment un arbre majestueux qui, si l'on n'y prend garde, va bientôt abriter la société tout entière sous son feuillage touffu, et, semblable au mancenillier, lui donner la mort.

Le socialisme est, avant tout, une doctrine de destruction. Il veut détruire scientifiquement, légalement s'il le peut, mais violemment s'il le faut. Pour commencer, il demande avec Diderot « les boyaux du dernier des rois pour étrangler le dernier des prêtres ». Quand cela sera fait, la besogne sera bien avancée. Voici l'exposé du socialisme ou *science sociale*, d'après l'un des membres les plus modérés du congrès de Marseille : « Cette doctrine se dresse, dit-il, contre le vieux monde, les vieilles idées, l'autorité ; contre l'exploitation de l'homme par l'homme ; contre les monopoles accaparés par ceux qui ne produisent pas à l'encontre de ceux qui produisent ; contre l'anarchie intellectuelle, économique et politique contemporaine ; contre l'inégalité des positions ; contre l'insolidarité des intérêts, l'égoïsme des classes élevées ; contre les scandales financiers. » Son but est de replacer l'homme dans le *milieu harmonique* où il avait été mis par la nature, milieu où la justice régnait. Par l'ordre nouveau l'âge d'or régnera sur la terre, et toutes les misères disparaîtront. En avant donc ! et achevons la création restée inachevée ; il n'est pas besoin de Dieu pour cela [1].

Le moyen employé par le socialisme pour arriver à ses fins est le *collectivisme*, qui a donné son nom à la branche collectiviste. Pour parler franc, la différence n'est pas grande entre le collectivisme et le communisme. Ce dernier partage brutalement les capitaux entre tous, tandis que le premier met les capitaux et les efforts en commun, et ne par-

[1] Congrès de Marseille, séance d'ouverture.

tage que les produits. Dans un cas comme dans l'autre, le jeu de la société est impossible. Je vais exposer la théorie socialiste ou collectiviste, en prenant indifféremment l'un de ces mots pour l'autre, théorie que nous devons au grand maître des socialistes, à Karl Marx. Mon guide dans cette étude sera le savant abbé Winterer, membre du parlement allemand pour l'Alsace et Lorraine; il a lu les gros volumes du sectaire germain, et nous en a donné un lumineux exposé.

Karl Marx, né à Trèves, le 2 mai 1818, de parents honorables et d'une position élevée, est le fondateur de l'Internationale, l'armée du socialisme. Il remplit sur la terre le rôle d'un Pape du mensonge, du Vicaire du diable. En cette qualité, il a déclaré la guerre à toute force morale, et en particulier à celle qui est personnifiée dans le prisonnier du Vatican. Marx et ses séides sont athées et s'en vantent. De New-York où il réside depuis qu'il a quitté l'Europe, le chef du socialisme dispose ses troupes pour l'assaut de la société moderne. Quoi qu'il dise, il sera obéi, et en Allemagne sa voix est plus écoutée que celle de M. le prince de Bismarck. Ses ouvrages sont nombreux et d'une dialectique serrée, mais basée sur une erreur fondamentale. Ce point de départ erroné provient d'une fausse conception de *la valeur*. Jusqu'ici, dit Marx, on a défini la valeur : la richesse appropriée existant en quantité limitée et sur laquelle portent les échanges. On a eu tort, car cette définition n'est pas exacte. Voici la véritable : la valeur d'une chose est la *quantité de travail* appliquée à cette chose ; autrement dit, *le travail est la seule source de la valeur*. Il en résulte *que la durée du travail sera la mesure unique de la valeur*, que le travail doit être tout. Or dans l'état actuel des choses le capital est le maître, et le travail l'esclave. Le premier commande à la production et à la consommation au détriment de la liberté humaine ; le second n'a qu'une ressource, se vendre au premier. Encore n'a-t-il pas la faculté, à cause du monopole capitaliste, de discuter le prix du contrat, d'obtenir *un salaire équitable*. Tout le mal vient, en effet, de ce que le salaire est imposé par la force au lieu d'être librement consenti ; que par suite il ne représente pas ce qu'il devrait représenter. En effet, le salaire tel qu'il existe, et ceci est amplement démontré par les faits, dit Marx, n'équivaut que *juste à la somme d'argent nécessaire* à la satisfaction des besoins essentiels en vêtements, logement et nourriture. Or, il est encore prouvé par les faits que *six heures de travail suffisent et au delà pour acquérir la somme d'argent nécessaire à l'entretien des besoins essentiels*. Il en résulte qu'en exigeant chaque jour des ouvriers dix, douze et même quatorze heures de travail, les capitalistes, qui en réalité n'en payent que six, volent quatre, six et huit heures de ce travail. C'est avec lui que l'on entretient l'ancien capital, et qu'on en produit de nouveau. Celui-là à son tour servira à acheter du travail et ainsi de suite. Cette théorie explique comment le capital est le maître, et comment, à mesure qu'il grandit le prix du travail, le salaire diminue. Après avoir entendu de pareils faits, continue le théoricien de Trèves, la disparition du capital qui les produit sera considérée comme nécessaire par tout esprit non prévenu.

L'état de choses fondé par le capital a fait son temps; une nouvelle évolution du progrès anéantira celui-ci et le remplacera par un autre élément de production. Tel qu'il est, nous trouvons qu'il provient de la conquête, de la rapine, des priviléges; fondons un ordre nouveau gouverné par la science, la justice, l'amour; nous aurons bien mérité de l'humanité. C'est en transformant le capital individuel en capital collectif que nous arriverons au but. Une fois les frais d'entretien du capital prélevés, le produit ou bénéfice sera partagé intégralement entre les coassociés réunis en Communes, en État ou autrement. L'État moderne avec ses tendances centralisatrices est un excellent terrain pour faire germer le socialisme. Il suffirait pour le faire éclore que l'État prît en main toutes les forces du travail dans tous les genres, sous prétexte d'intérêt général par exemple. Par ce moyen le collectivisme serait fait aussi simplement que possible.

La théorie de Marx a une conséquence qu'il ne tire pas, mais qui me paraît évidente : c'est qu'elle ne pourra être appliquée qu'à une humanité toute différente de celle que nous connaissons et qui a toujours existé. Il faudra, pour réussir, fondre tous les hommes dans un moule commun ; inventer une sorte d'homme moyen auquel tous devront rigoureusement ressembler. Cet homme moyen, véritable automate sans volonté comme sans passion, n'aura que des besoins moyens, et ce seront ces besoins-là qui pourront être satisfaits par un travail de six heures. L'égalité régnera à n'en pas douter dans la société nouvelle, mais une égalité semblable à celle des cimetières, où tous les corps sont égaux, parce que tous sont également réduits en poussière. Une autre conséquence de la théorie de Marx, c'est d'obliger à la consommation forcée qui entraîne avec elle l'inquisition, seule capable d'empêcher l'épargne. Une pareille société ne pourra exister que si elle est gouvernée par une main de fer. Son maître ne devra avoir ni cœur ni âme, mais un immense cerveau toujours occupé à mesurer ses sujets. Ceux qui ne voudront pas se plier au type adopté comme unité seront sacrifiés.

On voit où peut mener l'idée d'égalité, telle que la comprend la Révolution. Jamais, pas même à Sparte, on n'a été aussi loin. Au fond, la théorie collectiviste, qui veut refaire la société de toutes pièces, est absurde. Elle a cependant un côté vrai dont il nous faut tirer profit : c'est celui où elle signale les abus. Marx les étale avec complaisance, et c'est par cette mise en scène sentimentale qu'il prend beaucoup de naïfs. Pour ce qui est des remèdes à appliquer aux abus, les collectivistes ne les soupçonnent même pas. Ceux qu'ils proposent, loin de guérir le malade, causeraient sa mort. On n'a pas le droit, sous prétexte que l'on a abusé d'une institution, de conclure contre cette institution. Quand il s'agit des hommes, il n'est pas juste de ne voir que leurs fautes ; il faut aussi regarder leurs vertus. « La sagesse humaine, a dit Bossuet, est toujours courte par quelque endroit », et cela est profondément vrai. La société est troublée, personne ne le nie ; l'argent a usurpé une place à laquelle il n'a pas droit, cela est vrai ; mais tout cela est passager. Les choses changeront, et quand il n'y aura plus aux premiers rangs que ceux qui en sont dignes, on ne songera plus à se plaindre.

Si l'autorité n'est plus acceptée volontiers par les peuples, c'est que ceux qui l'exercent ne méritent plus la confiance. N'étant pas vertueux, ils deviennent impuissants pour le bien. Quand cette impuissance est générale dans une société, la société disparaît. Nous n'en sommes pas encore là en France.

PRÉCIS

DES

CONGRÈS OUVRIERS

DE FRANCE

Les questions que nous allons traiter n'ont pas toutes le même but. Les unes établissent des principes : elles sont au nombre de quatre; les autres donnent les moyens de les appliquer : elles sont au nombre de trois.

Il y a en outre une question mixte, à la fois de principes et de moyens, et une neuvième question abordée par le seul congrès de Marseille.

QUESTIONS DE PRINCIPES

I

LA FEMME

Sommaire. — Esclavage de la femme dans la société moderne. — Rôle de la femme dans la société de l'avenir ; son émancipation par l'égalité.

Esclavage de la femme dans la société moderne. — Suivons la fille du prolétaire durant les tristes étapes de sa vie de douleur. A la *crèche,* où on la porte aussitôt après sa naissance, elle est mal soignée. Souvent elle y souffre la faim, et quand ses cris irritent les gardiennes, celles-ci en ont vite raison avec une « décoction de pavots[1] ». De la crèche, l'enfant passe à l'école. Jusqu'ici, l'école a été faite à peu près exclusivement par ces « sœurs

[1] Congrès de Marseille, séance du 22 octobre.

rôtisseuses[1] » que tout le monde connaît. Malgré neuf ans de République, cela dure encore! Quand les *bonnes sœurs* cessent de tourmenter le corps par un travail forcé ou autrement, c'est pour corrompre le cœur de l'enfant et le livrer à l'homme noir. On frémit de honte et d'effroi quand on songe aux « lubriques confidences du confessionnal[2] ». C'est là où l'on exalte l'imagination et les sens, et on ne saurait sortir pur d'un pareil lieu.

Enfin la petite fille a grandi; elle a échappé aux mains de l'Internationale noire; elle est revenue dans sa famille, où l'on espère qu'elle va contribuer au bien-être du ménage. Illusion! les ouvroirs sont là et font concurrence à l'ouvrière libre. Dans « ces saintes maisons où on travaille pour l'amour de Dieu, on fait le vœu de pauvreté, mais... pour les autres, pas pour soi ». Cependant, dans la famille, le besoin devient chaque jour plus pressant; il faut vivre à tout prix. C'est alors que le père se décide, en maudissant la société, à conduire sa fille dans une manufacture où, grâce à son entourage, elle ne tardera pas à se déshonorer. Si par hasard elle résiste aux sarcasmes de ses compagnes,

[1] Congrès de Marseille, séance du 22 octobre.
[2] Congrès de Marseille, séance du 22 octobre.

on peut être tranquille, le contre-maître veille. Par ses propos obscènes ou ses désirs infâmes, il ne tardera pas à achever ce que l'air de la fabrique n'avait pu faire. Quelle vie que celle des malheureuses qui travaillent dans les manufactures! Il y a en France des lois pour protéger les animaux; il n'y en a pas pour les protéger, elles, des êtres humains. Souvent elles n'ont pas le temps de manger, et leur triste repas, elles doivent le prendre dans un milieu vicié et nauséabond, parce que le féroce capital l'ordonne ainsi. Il ne faut pas lui dérober une minute, car sans cela il refuse même ce salaire ridicule qu'il n'accorde qu'au travail sans repos.

Mais voilà que la jeune fille, restée seule sur la terre, pense au mariage. En unissant son sort à celui d'un de ses compagnons d'infortune, elle croit augmenter son bien-être par *l'union de deux salaires*. Elle livre donc à un homme, avec la garantie de la loi, son corps usé déjà par les fatigues, s'il ne l'est par les excès. Je demande aux philanthropes en chambres quelles espérances de bonheur présente un pareil accouplement; quelle race pourra en sortir. Ah! ne vous étonnez pas que l'espèce dégénère; l'air de la fabrique étiole tout dans la mère, son corps, son cœur et ce je ne sais quoi qui est dans son sein, et qui bientôt va devenir son enfant. Un an, deux, trois peut-être se passent, et la misère revient. On croyait l'avoir conjurée, mais les besoins ont augmenté, et l'ont ramenée. Avec elle, arrivent les scènes, les injures et les coups. L'homme se lasse vite d'un pareil intérieur; il a pris sa compagne par caprice parce qu'elle était sa voisine de métier; il la laisse de même et se donne à une autre. La femme légale ainsi abandonnée, ou devient une prostituée patentée, ou un agent du cléricalisme. Alors le fanatisme la ronge, et par haine de son ancienne épouse, l'homme s'enfonce de plus en plus dans le vice.

Voilà la vérité sur la situation de la femme au dix-neuvième siècle. Que l'on ne vienne pas dire que les jeunes filles ont d'autres ressources que les manufactures. J'ai montré que les couvents les empêchent de vivre chez elles; ailleurs, dans les grands magasins par exemple, on emploie des hommes aux postes qui devraient leur être réservés. Restent, il est vrai, les bureaux de placement. Que ces institutions corruptrices soient vouées au mépris public! Dans ces bureaux, on trafique de la chair humaine, et, comme les couvents et les prisons, ils sont les grands pourvoyeurs de cette institution de l'État, la maison de tolérance. Ce sont les rois qui ont inventé ces établissements, car, personne ne l'ignore, le gouvernement des tyrans a toujours été basé sur la corruption [1]. Ils ont compris qu'en démoralisant la femme, et en la tenant dans un état mille fois plus affreux que l'esclavage antique, ils finiraient aussi par faire de l'homme un esclave, et ils aiment mieux gouverner des esclaves que des hommes libres.

En résumé, la prolétaire ne trouve pour son enfance aucune garantie de la part des lois ; pendant sa jeunesse, elle est soumise à toutes les séductions; enfin, dans son âge mur, l'État lui réserve un lupanar ou un hospice. Cependant, les capitalistes jouisseurs devraient se souvenir que si la misère démoralise l'ouvrière, cette démoralisation amènera fatalement la dissolution de la société.

Rôle de la femme dans la société de l'avenir. Son émancipation par l'égalité. — Jusqu'ici on a fait de la femme un être idéal ou esclave. C'est de là que viennent tous ses maux ; il faut que cet état cesse, et que la femme devienne l'égale de l'homme. La logique le veut ainsi. De quel droit les ouvriers demanderaient-ils l'égalité entre eux et les bourgeois, s'ils ne commençaient par la reconnaître entre eux et les femmes? L'homme n'est pas supé-

[1] Congrès de Marseille, séance du 22 octobre.

rieur à la femme par l'intelligence, car l'intelligence se mesure au poids du cerveau, et Buchner a démontré l'égalité relative des cerveaux humains. Pour ce qui est du corps, il est évident, pour tout homme impartial, que la différence des fonctions physiques ne saurait, en aucun cas, être présentée comme un avantage de l'un des sexes sur l'autre[1]. Si les organes sont différents, c'est qu'ils servent à des fonctions différentes. Ceci constitue une équivalence, et non une supériorité ou une infériorité. Du reste, qui sait ce que nous réserve l'accumulation des siècles? Tout change dans le monde, tout se perfectionne, l'espèce humaine comme les autres espèces d'animaux. Peut-être viendra-t-il un jour où les différences sexuelles auront disparu, et ce jour-là personne ne dira plus que la nature a créé l'homme supérieur à la femme.

En attendant, des mesures transitoires sont nécessaires pour que la propagation de l'espèce ait lieu sans tous les abus qu'elle entraîne aujourd'hui. Dans l'union des sexes, l'homme et la femme doivent conserver leur indépendance, et la femme pouvoir vivre sans avoir recours à son mari, ce qui la met au rang des entretenues. A l'avenir, le

[1] Congrès de Marseille, séance du 22 octobre.

principe des sociétés sera chacun pour tous, et tous pour chacun. Comme l'intérêt de l'État est de former une belle race, il devra veiller à ce que la femme ait un salaire suffisant. Ce sera, en effet, à l'aide du salaire que la mère pourra se nourrir suffisamment pour avoir de beaux produits.

II

L'ENFANT

Sommaire. — Instruction et éducation : ce qu'elles sont ; ce qu'elles doivent être. — École professionnelle et école-atelier. — Apprentissage et contrat d'apprentissage. — Travail des enfants dans les manufactures. — Cercles d'études sociales.

Instruction et éducation. Ce qu'elles sont. — L'instruction, qui comprend l'éducation, a été considérée de tout temps, et avec raison, comme la clef de voûte de l'édifice social. Il en résulte que la société doit l'instruction à tous, et à tous de la même manière. Est-ce là ce qui existe en France? Non, assurément. Il y a dans ce pays deux enseignements, l'un pour le pauvre, l'autre pour le riche. Pourquoi développe-t-on le cerveau chez l'un, tandis qu'on le laisse s'atrophier chez l'autre? Par l'instruction on obtiendra l'égalité morale, et de là découlera naturellement l'égalité matérielle. L'instruction est comme une source vive qui donne naissance à la *sève égalitaire*. Elle est, avec l'éducation, un moyen puissant pour renverser les idées fausses dont le théologisme a enveloppé la société moderne.

Le premier acte de l'homme raisonnable envers l'enfant sans raison sorti du sein maternel est un outrage à son innocence[1]. A peine né, on lui verse sur le front le baptême imposteur. Par cet acte, l'enfant est vendu; il devient la proie des ennemis du progrès. La tourbe cléricale, mâle et femelle, s'en empare comme de sa chose, fascine les parents, et force les pauvres petits êtres sans défiance à s'asseoir sur les bancs de l'école congréganiste, précisément à l'époque où l'impressionnabilité du cerveau est la plus grande. C'est à ce moment que se forment les empreintes cérébrales qui dirigent la vie entière, et les catholiques le savent. Serait-ce donc en vain que Dieu et ses saints ont reculé devant la science? On le dirait, puisqu'on enseigne encore à l'enfant à croire au dogme, à l'âme et autres sottises; on lui charge la mémoire de catéchisme, de morale dogmatique et de mythologie juive et chrétienne. Voilà le seul bagage d'une jeune intelligence quand on la lance dans un confessionnal. On se rend là par crainte du maître qui

[1] Congrès de Marseille, séance du 25 octobre.

vous y envoie, mais en cachant dans son cœur certaines fautes qu'on a honte d'avouer. Avant l'âge d'homme, l'Église marque l'enfant de son sceau : elle lui apprend l'hypocrisie. De tout le fatras qui encombre la tête d'un élève des Frères, il ne reste rien plus tard qu'un peu de lecture. Mieux vaudrait qu'il ne restât rien, car avec ce qu'il sait de lecture, l'enfant va nourrir son imagination de ces romans immondes que le bon marché met à la portée de toutes les bourses. Je le demande aux gouvernants, est-ce comme cela qu'ils prétendent moraliser le suffrage universel? Reconnaissons-le hautement, les deux tiers des électeurs votent comme des brutes [1].

Instruction et éducation. Ce qu'elles doivent être. — Pour que l'éducation soit bonne, pour que l'instruction soit fructueuse, il faut prendre le contre-pied de ce qui se fait actuellement. C'est la famille qui doit donner la première éducation, et il faut surtout éviter les internats *inventés* par les Jésuites. Il faut apprendre à l'enfant à aimer ce qui est respectable et bon, ses parents, les travailleurs, les malheureux, et à haïr ce qui est méprisable et nuisible, le *prêtre menteur*, l'*officier galonné,*

[1] Congrès de Marseille, séance du 25 octobre.

le *juge inique*. Il faut, quand, passant dans la rue avec son enfant, on voit venir un évêque, un général, un magistrat, lui dire : Tu sais que souvent le pain manque à la maison, que l'hiver nous n'avons pas toujours du bois pour réchauffer tes membres grelottants, que ta mère est morte hier parce que nous ne pouvions pas acheter le remède qui l'aurait sauvée. Eh bien! regarde cet homme qui passe; c'est de lui et de ses pareils que viennent toutes nos misères et toutes nos pauvretés; maudissons-les ensemble [1]. Quand tous les prolétaires auront fait de cette manière l'éducation de leurs enfants, le jour de la délivrance ne sera pas loin.

En même temps que nous saperons le respect de l'autorité dans le cœur de l'enfant, bannissons-en aussi l'idée de Dieu. Nous ne voulons plus de religion, mais une morale scientifique et indépendante.

C'est vers l'âge de douze ans que doit commencer l'instruction en dehors de la famille. Elle doit être *civile*, gratuite, obligatoire, *intégrale*. Elle doit être civile et non simplement laïque, car tant que l'on continuera dans les écoles à parler de l'Être suprême, nous irons à la décadence. Ce qu'il nous

[1] Congrès de Marseille, séance du 25 octobre.

faut, ce sont des écoles sans Dieu[1]. Elle doit être gratuite, pour être accessible à tous. Elle doit être obligatoire, parce que l'ignorance est préjudiciable à la société, et que le droit de l'enfant à l'instruction est au-dessus du droit du père de famille sur l'enfant. Mais pour que la gratuité ne soit pas un leurre et que l'obligation soit équitable, il faut renverser la société économique actuelle. En effet, la gratuité est toujours en fin de compte payée par l'impôt, et dans ces conditions on commettrait une infamie en arrachant l'enfant à son père. Cette obligation serait en plus un homicide, car le salaire de l'enfant aide le père à vivre comme à payer l'impôt. L'instruction doit être intégrale, c'est-à-dire encyclopédique, car dans une société démocratique il faut que chaque citoyen puisse aspirer aux plus hautes fonctions. On y arrivera en donnant à tous toutes les connaissances. De cette façon les seules aptitudes développées guideront les jeunes gens dans le choix d'une carrière.

École professionnelle et école-atelier. — Le travail, étant de droit naturel la propriété des travailleurs, doit être soumis à des lois qui le garantissent et l'empêchent de s'avilir. Or, on constate qu'à cer-

[1] Congrès de Marseille, séance du 25 octobre.

tains moments il manque, tandis qu'à d'autres il abonde; il faut donc chercher un moyen pour que les *bras producteurs* soient formés en vue du travail à produire. Ceci revient à dire qu'on ne doit former d'ouvriers d'une profession qu'autant qu'il en manque dans cette profession. Un des buts de l'école-atelier est d'en arriver là. Jusqu'ici l'instruction professionnelle a été distribuée au hasard, et dans un petit nombre d'écoles. Imaginons au contraire que les classes aient complétement disparu dans la nation française, alors tous les enfants seront égaux. Ces enfants seront envoyés par l'État aux écoles-ateliers, lesquelles seront de deux espèces, celles de la ville et celles de la campagne. Dans les deux, l'instruction intellectuelle sera la même, mais l'instruction manuelle variera. A la ville, un atelier sera annexé à l'école; à la campagne, ce sera un terrain. Dans un cas comme dans l'autre, on familiarisera les élèves avec les outils-souches [1] et les matières premières principales. Ils sortiront de là parfaitement préparés à toutes les professions. Un tableau dressé à l'avance indiquera le nombre d'ap-

[1] Congrès de Marseille, séance du 25 octobre. — On entend par outils-souches un certain nombre d'outils auxquels on ramènerait ceux de toutes les autres professions. En en connaissant à fond le maniement, l'apprenti trouverait aisément la manière de se servir de n'importe quel autre.

prentis dont l'industrie a besoin, et chacun choisira sa carrière suivant ses aptitudes. L'expérience montrera qu'il y aura proportionnalité parfaite entre les vocations et les places à occuper.

La fondation des écoles-ateliers sera une lourde charge pour le budget, car il devra en être créé en abondance sur tout le territoire de la République. On y pourvoira au moyen des dons de l'État et des particuliers, et en y consacrant les fonds attribués actuellement au budget des cultes et au budget de la guerre. Il faudra aussi, par des mesures énergiques, empêcher l'argent français d'aller se perdre dans les caisses cléricales de Rome, de l'empire chinois, ou d'ailleurs. Le vrai denier de Saint-Pierre d'un républicain, c'est le sou des écoles.

Apprentissage et contrat d'apprentissage. — L'apprentissage n'existe plus. Autrefois les patrons s'occupaient de ce devoir, maintenant ils ne s'en inquiètent plus. Tout aujourd'hui se paye en deniers comptants, et les apprentis demandent aussi à avoir une paye. Il en résulte que les patrons veulent rentrer dans leurs frais, et qu'au lieu d'instruire leurs apprentis, ils les emploient comme domestiques. Tout le monde y perd, le patron, l'apprenti, la société : le patron, parce que les produits fabriqués sont inférieurs ; l'ouvrier, parce que les salaires sont diminués; la société, parce que les consommateurs quittent le marché français pour d'autres, approvisionnés de meilleurs produits. Le vice radical de cet apprentissage vient de l'état précaire de la famille prolétarienne. Le père fait son fils menuisier, par exemple, parce qu'il se présente une bonne occasion, et qu'il a hâte de le voir lui venir en aide. Si le père de famille n'était pas pressé par le besoin, il consulterait les goûts de son enfant, et ne le ferait pas menuisier s'il a envie d'être cordonnier. Que peut-on espérer d'un ouvrier employé en dehors de ses aptitudes? Il sera fainéant, incapable, et dans la suite, débauché et malhonnête. Que pourra contre les vices l'éducation reçue chez la *prêtraille?* Dès les premières plaisanteries de ses camarades, les pratiques surannées qui forment toute la religion que l'on reçoit chez ces gens-là, tomberont, et l'adolescent sera perdu. L'école-atelier le sauverait.

Bien entendu, tout ce que nous venons de dire s'applique aux enfants des deux sexes. Remarquons cependant que c'est la femme qu'il faut avant tout arracher aux serres du christianisme. Il lance son imagination dans l'idéal; ramenons-la vers la terre en la matérialisant.

Travail des enfants dans les manufactures. — La loi du 19 mai 1874 régit le travail des enfants dans les manufactures, comme celle du 22 février 1851 régit les contrats d'apprentissage. Toutes les deux sont défectueuses et insuffisantes, et ni l'une ni l'autre ne sont appliquées. Qu'en résulte-t-il? C'est que nos villes manufacturières regorgent d'êtres maladifs enlevés à nos campagnes, et qui vont avant l'âge peupler les cimetières. Ce sont les curés qui servent d'intermédiaires à cette traite des enfants : ils nomment cela s'occuper de l'enfance. Ils s'en occupent, en effet, mais c'est pour faire passer des enfants ignorants de la vie qu'on leur prépare, de la paix des champs aux risques de l'atelier.

Cercles d'études sociales. — Les cercles d'études sociales sont des laboratoires où l'on prépare les raisonnements qui doivent entraîner le prolétariat dans le mouvement socialiste. Ils sont de création récente, et déjà ont rendu d'incontestables services. Il y en a dans tous les grands centres, et le souci de la démocratie doit être de les propager encore et de les unir ensemble par le lien puissant de la fédération [1].

[1] On n'a rien dit de plus sur cette importante question dans les trois congrès.

III

LA PROPRIÉTÉ

Sommaire. — Ce qu'est la propriété. — Ce que devrait être la propriété. — Rapport entre les ouvriers des villes et ceux des campagnes.

Ce qu'est la propriété. — La propriété, dit le Code civil, est le droit d'user et *d'abuser* des choses. Les choses proviennent de deux sources, de la nature ou de l'homme; elles sont naturelles ou artificielles. A l'origine des temps historiques, les produits naturels suffisaient à l'homme; aujourd'hui, les produits artificiels lui sont devenus aussi nécessaires que les premiers. Ces principes étant posés, déduisons les conséquences. En ce qui concerne les produits naturels, il est évident qu'un seul citoyen peut les accaparer, tout en restant dans les limites tracées par la loi. Il lui sera loisible d'acheter le sol d'une contrée entière, de le laisser en friche, et ainsi d'en affamer les habitants. Si les malheureux qui meurent de faim par suite de cette façon d'user de la propriété réclament, on leur apprendra à mourir sans se plaindre, ou gare la mitraille. Qu'on ne dise pas que l'exemple choisi est absurde, que pareille chose n'arrivera jamais; elle est arrivée. Le fait auquel il est ici fait allusion s'est passé dans le Royaume-Uni. Un seigneur avait en Irlande d'immenses propriétés; loin de les mettre en friche, il est vrai, il les cultivait avec soin. Il avait mis partout des fourrages, parce que l'élevage des troupeaux était ce qui rapportait le plus; les choses en arrivèrent à ce point que les pauvres paysans n'eurent plus un coin de terre pour cultiver les racines dont ils se nourrissent. Ils périrent en grand nombre, mais l'un d'eux se révolta avant de mourir et tua son seigneur. Qui aura le courage de le blâmer [1] ?

Arrivons aux produits artificiels et encore ici citons un exemple. Chacun a pu l'avoir sous les yeux. Voici un industriel qui occupe des centaines d'ouvriers; du jour au lendemain, pour un simple caprice, il arrête la production, et jette ses ouvriers sur le pavé. Que va-t-il arriver à cet industriel coupable, à n'en pas douter, d'un assassinat en grand? Rien, la loi le protége. Voilà ce qu'est le

[1] Congrès de Marseille, séance du 28 octobre.

droit de propriété. Et cependant la nature, en créant l'homme, lui avait donné l'abondance en partage. Tout ce qui est nécessaire à la vie, l'air, la lumière, le sol avec ce qu'il renferme et ce qui en naît, tout lui appartenait. Ces capitaux naturels avaient été donnés à tous; pourquoi ne sont-ils plus à tous? C'est qu'une minorité s'est emparée par la ruse et par la force de ce qui pouvait être exploité, et n'a laissé à la majorité que l'air et la lumière, parce qu'elle n'a pu les leur enlever. La loi a consacré définitivement ce crime de lèse-humanité, et la loi est, ne craignons pas de le dire, injuste, contraire à l'égalité naturelle et à la logique. La propriété est le vol en grand.

Ce que devrait être la propriété. — Si la propriété, comme le soutiennent quelques-uns, était le fruit du travail, il y a longtemps que les prolétaires seraient propriétaires, car *eux seuls travaillent.* Cependant, en fait de propriété, ils n'ont encore que leurs bras, et.... j'allais l'oublier, ce coin de la fosse commune où on descendra leur cercueil. La Révolution française, reconnaissons-le hautement, n'a su organiser que l'anarchie. D'un côté, elle a été trop loin; de l'autre, pas assez. Dans la question de la propriété, en particulier, elle n'a pas su aller jusqu'au bout. Au lieu de donner la propriété à la masse, elle s'est contentée de laisser prendre aux bourgeois les biens nobles et les biens d'Église, et a, par cet acte de faiblesse, reculé notre émancipation d'un siècle. Enfin, le moment approche où nous allons reprendre la lutte; on ne verra bientôt plus en France que des frères travailleurs, et dans le monde entier qu'une famille, la famille ouvrière. Alors tout appartiendra à tous, et grâce à la nouvelle science sociale, le collectivisme, nous verrons se réaliser cette belle formule : *La terre au paysan, l'outil au travailleur*. Un droit nouveau, fondé sur la solidarité, va succéder à l'ancien, fondé sur l'individualisme, et il amènera avec lui le règne de la paix. Tous nos maux viennent, en effet, de la bataille des intérêts; en détruisant la cause, nous détruisons l'effet.

Nous savons que les produits manufacturés sont aussi nécessaires à l'existence que les produits naturels; il est donc juste, en même temps que l'on rend le sol au paysan, de rendre les outils aux artisans. Le premier revient aux travailleurs de la terre par droit naturel, les seconds aux travailleurs de l'industrie par droit de création. N'est-ce pas leur travail qui leur a donné naissance?

On le voit, le collectivisme a pour but l'appropriation des matières premières et des outils tels que canaux, chemins de fer, usines, docks, chantiers, ateliers, machines, etc. Il est à craindre que l'appropriation ne se fasse pas sans résistance, et qu'une opération *chirurgicale* soit nécessaire pour arriver au but. Si elle est nécessaire, il faudra la faire, car une heure de violences fait plus d'effet qu'un siècle de conquêtes pacifiques. Une révolution tranquille agit de la même manière qu'un cataplasme sur un chancre. Le collectivisme devra procéder, soit au nom des communes, soit au nom des corporations, soit au nom des corporations fédérées, soit même, suivant quelques-uns, de plus en plus rares, il est vrai, au nom de l'État. De quelque manière que l'on s'y prenne, il est certain que, comme il y a abondance de tout sur la terre, il suffira, pour que tout le monde soit heureux, de substituer une bonne répartition des biens de ce monde à celle qui a cours. Le régime de la propriété a varié mille fois dans le courant des âges; qu'importe qu'il varie une fois de plus? Dès que le collectivisme sera entré dans la pratique, le travailleur jouira de l'intégralité de son travail. On ne verra plus alors, comme on voit aujourd'hui, les sept huitièmes de la production totale de la France, soit environ quinze milliards et demi, entrer dans la poche des capitalistes, et deux milliards et demi seulement, soit un huitième de la production, revenir aux producteurs.

Poussons un immense cri d'alarme, et que ce soit aussi un cri de ralliement. Bientôt, si nous n'y prenons garde, nous serons enveloppés d'un large filet dont les mailles formées de *capitalistes* et de *prêtres* iront nous resserrant de plus en plus. Déjà la moinerie se fait atelier pour mieux s'emparer de la richesse publique, et les propriétaires s'organisent d'une façon formidable. Nous marchons à un état mille fois pire que l'ancien esclavage. Bientôt toutes les classes intermédiaires auront disparu, et il n'y aura d'un côté que les grands magasins, les grandes propriétés, les grandes compagnies, le cléricalisme universel ; et de l'autre, tous ceux qu ne possèdent pas, tous ceux qui souffrent, tous ceux qui sont exclus des jouissances. Pour nous endormir, on fait miroiter devant nos yeux l'image de cette propriété tant désirée, en nous vantant je ne sais quelle organisation d'importation étrangère [1]. Mieux vaudrait encore nous prêcher la résignation, ce serait moins ridicule. Qu'on le sache bien, tout cela n'est qu'un mirage, un appât éventé auquel le prolétaire ne mord plus. La vérité, c'est que partout la classe riche tend à devenir plus riche et moins nombreuse, et la classe pauvre plus nombreuse et plus désespérée. Des deux côtés on se dispose pour

[1] Il s'agit des *Building* et des *Landing societies*.

une lutte suprême, la minorité en organisant des mercenaires armés, la majorité en préparant pour la bataille ses poitrines nues poussées par des cœurs affamés de vengeance. L'avenir décidera si l'ouvrier, nouveau Sisyphe, roulera toute sa vie son rocher de douleurs; si le paysan, plus malheureux que le troupeau qu'il conduit, n'aura même plus le droit de brouter l'herbe des champs; si le riche enfin se vautrera éternellement dans sa vie de débauches et de plaisirs.

Rapports entre les ouvriers des villes et ceux des campagnes. — Pour que le collectivisme triomphe, il est nécessaire qu'il obtienne l'adhésion des travailleurs des champs. L'entreprise sera rude, moins cependant qu'on ne le pense. Le paysan, comme on le nomme, commence à trouver qu'il serait temps de posséder cette terre arrosée de ses sueurs depuis si longtemps; aussi devient-il républicain. Déjà il serait tout à fait converti aux idées modernes, n'était l'influence de la *pieuvre noire,* difficile à arracher dans les villages. Grâce à cette influence, le campagnard ose encore demander au Ciel son pain de chaque jour; le travail, pour lui, est non-seulement un moyen, mais encore un but; enfin, il semble content de son sort, bien qu'il n'ait guère été amélioré cependant depuis la Bruyère. Rendons aux cultivateurs la conscience de leur dignité d'homme; remplaçons la Bible par le *Contrat social,* le catéchisme du diocèse par celui des *droits de l'enfant;* assurons à tous le pain quotidien, et bientôt personne, pas plus à la campagne qu'à la ville, ne croira au Paradis d'en haut.

IV

TRAVAIL ET SALARIAT

Sommaire. — Droit au travail. — Organisation du travail. — Salariat.

Droit au travail. — Tous les êtres nés avec les mêmes besoins sont égaux devant la nature qui les leur a donnés. Comme c'est par la production que l'on arrive à la satisfaction des besoins, et que cette satisfaction est de droit naturel, il en résulte que le travail est une propriété de l'être qui a des besoins, et une condition expresse de leur satisfaction. Or, le capital est une accumulation de *travail;* donc son légitime propriétaire devrait être l'ouvrier. S'il en est autrement, c'est qu'il y a eu dépouillement, vol, légal ou non, peu importe. Il est, en conséquence, juste que, d'une manière ou d'une autre, le prolétaire mette la main sur le travail sous toutes ses formes et lui fasse enfin la loi, au lieu de la recevoir de lui. Que se passe-t-il aujourd'hui? Une minorité de citoyens consomme sans produire, tandis que l'immense majorité produit sans consommer. Est-ce juste, cela? Non assurément, et tout consommateur improductif devrait être retranché de la société. L'armée des travailleurs édifie par ses sueurs la fortune publique, et un état-major d'exploiteurs, rois, prêtres ou bourgeois, est seul à en jouir. Il faut que cela cesse ou que la société périsse.

Organisation du travail. — Au moyen âge [1] les corporations ouvrières avaient, pour l'époque, une organisation du travail bien supérieure à celle d'aujourd'hui, si misérable et si précaire. Aussi l'État, notre ennemi, dès qu'il a été le maître, a brisé les corporations, par crainte des ouvriers. Reconstituons-les sur des bases nouvelles. Faisons-les servir à une juste répartition des forces ouvrières dans chaque métier, et alors un grand progrès aura été réalisé. Si, après la répartition générale, il est des ouvriers non casés, ouvrons-leur libéralement les portes de nos colonies.

Les corporations devront aussi veiller à ce que le travail ait un caractère social, et empêcher leurs membres de contribuer à toute entreprise pouvant

[1] Congrès de Lyon, séance du 31 janvier.

nuire à la masse des associés. Aussi il ne faudra accepter les machines nouvelles qu'avec beaucoup de circonspection, et exiger une indemnité pour tout ouvrier qui se verra éconduit par suite d'un progrès quelconque dans une industrie. Il est certains travaux qu'il faudra supprimer ou modifier profondément, comme par exemple ceux qui ont lieu la nuit ou qui se font dans les mines.

Le travail de nuit est contre nature; s'il est quotidien et que le prolétaire soit marié, sa femme sera le jour à la fabrique. Comment dans ce cas les époux se rencontreront-ils? S'il est accidentel, comme il arrive dans le cas d'ouvrage pressé, on ruine la santé des ouvriers, parce que, dans cette hypothèse, le labeur de la nuit n'empêche pas celui du jour. Autrefois on ne connaissait pas ce genre de travaux de nuit; il a été amené par la hâtiveté de jouir et l'instabilité des mœurs.

Quant à ce qui se passe dans les mines, il faudrait des volumes pour le raconter. Les mineurs courent d'immenses dangers, augmentés encore par l'incurie des Compagnies et leur âpreté au gain. Leur vie est un long martyre, couronné trop souvent par une mort affreuse. A l'annonce d'un accident, on voit accourir à l'entrée des puits une multitude anxieuse, attendant l'arrivée des victimes. Souvent les corps carbonisés sont méconnaissables, et plus d'un cadavre a reçu le dernier baiser d'une épouse qui n'était pas la sienne!

Les Compagnies n'ont pas d'entrailles pour de pareilles douleurs. Elles payent mal leurs ouvriers et n'ont su inventer contre les accidents et la vieillesse qu'une caisse de retraite dérisoire. Elles ne tiennent aucun compte, pour la plupart, des lois qui protégent les mineurs, et se livrent sans honte à une véritable traite des blancs. C'est par les corporations que tous ces abus disparaîtront et que le travail sera honoré. Aujourd'hui, il est considéré comme une corvée humiliante, et le travailleur traité comme une bête de somme. Cette situation tient en partie au salariat, la plus grande plaie des temps modernes.

Salariat. — Le salariat est un échange, dont un homme armé, le patron, force un homme désarmé, l'ouvrier, à accepter les conditions. Les économistes bourgeois le considèrent comme représentant juste ce qu'il faut à l'homme pour vivre ; donc, avec le salaire, pas de jouissance possible. C'est la négation de la justice. Par lui le travailleur est soumis au capital ; c'est donc une institution sociale antilibérale. Comme il n'est que la représentation d'une production journalière moyenne, il habitue l'homme à la paresse. Le salarié est compté par les exploiteurs de la production au même titre qu'une matière première quelconque, et n'est considéré par eux que comme une chose dont il faut tirer le plus de bénéfices possible. Le premier qui a dit : « Le travail est une marchandise soumise aux lois de l'offre et de la demande », celui-là est l'inventeur du salariat. Si l'on ne renonce pas à cette pratique, bientôt le travailleur devra pour vivre disputer sa nourriture aux animaux. Déjà, grâce à elle, la misère est universelle, et la prostitution nécessaire. La police des mœurs l'a bien compris; aussi force-t-elle chaque ouvrier à avoir *une carte* que l'on nomme un livret : c'est la marque de la servitude nouvelle.

La bourgeoisie a inventé le salariat; il faut qu'il disparaisse avec elle. Tous les deux, poussés par le prolétariat, iront dans la tombe rejoindre la multitude des misérables qu'ils y ont précipités et qui les y attendent. C'est l'histoire autant que la raison qui nous commande d'en agir ainsi, et, tout le monde le sait, les évolutions de l'histoire sont aussi fatales que celles des astres. A l'origine, les esclaves étaient les seuls agents du travail; les serfs les ont remplacés; enfin le tour des salariés est venu, et cette période dure encore. Nos aïeux ont détruit l'esclavage; nos pères ont aboli le servage; à nous de supprimer le salariat. La Révolution consommera cette œuvre, et le travailleur deviendra associé à la production.

En inventant le salariat, la bourgeoisie a cru mettre une barrière infranchissable entre elle et le prolétariat. Elle ne s'est pas trompée : la barrière ne peut être franchie; mais elle peut être supprimée. Pour cela, il faut prêcher la guerre de classes sur le terrain intellectuel, économique, juridique, politique. Cette guerre, logique, nécessaire, trouvera son explication dans celle que la bourgeoisie a faite à la noblesse à la fin du siècle dernier. Le bulletin de vote a provisoirement remplacé le fusil, mais il se peut que le bulletin de vote devienne insuffisant; soyons prêts. Trêve de préjugés, et désormais recevons comme ils le méritent ces tribuns sans vergogne qui nous jettent en pâture le cléricalisme, espérant par là nous endormir. Que la charogne cléricale vive ou meure, il n'y en aura pas moins une anomalie criante à voir celui qui consomme, le maître de celui qui produit. *Le consommateur improductif, voilà l'ennemi.* Guerre à l'opportunisme; le peuple est devant les réformes jurées comme *Tantale devant un bock.*

En résumé, le salaire n'est qu'une faible rémunération du travail. Il supporte seul la diminution dans la valeur des produits et toutes les autres variations, qui devraient aussi atteindre le capital. Il est donc justement condamné; il disparaîtra naturellement quand la propriété sera devenue collective.

QUESTION MIXTE

PROBLÈMES ÉCONOMIQUES DIVERS

Sommaire. — Rente, intérêt, loyer. — Impôt. — Emprunts. — Travaux publics. — Monopoles. — Libre échange et protection. — Crises industrielles; paupérisme et vagabondage. — Grèves. — Caisses de secours. — Caisses de retraite. — Marine et colonies.

Rente, intérêt, loyer. — La rente et l'intérêt sont des iniquités qu'il faut abolir. En effet, dès qu'un capital en dehors de tout effort personnel de la part de son possesseur peut rapporter une somme d'argent, il permet à ce citoyen de jouir du travail des autres sans rien faire lui-même, ce qui est un vol. Nous avons vu que le prélèvement capitaliste sur la quantité de travail produite par l'ouvrier, est inique. Ce qui est bien plus inique encore, c'est que ce prélèvement serve à augmenter le capital; car, par là, l'ouvrier se forge lui-même chaque jour des chaînes plus lourdes que celles de la veille. Cette monstruosité est commune aux ouvriers des villes et à ceux de la glèbe. Ne voyons-nous pas, en effet, dans les campagnes, les propriétaires augmenter les baux, si leurs fermiers ont amélioré le sol? Donc, le cultivateur paye l'intérêt des améliorations faites à la sueur de son front. Au point de vue de la justice, il est impossible de ne pas condamner l'intérêt. Voyons s'il en est de même pour la rente payée à un propriétaire pour un loyer ou servie par l'État à des rentiers. Au bout de quinze ou trente ans au plus tard, un locataire a largement payé la valeur d'un immeuble loué par lui, et l'État remboursé le capital souscrit en son nom. Pourquoi alors exiger toujours de l'argent du locataire ou de l'État? Pendant un certain temps, cela se comprend; après ce temps, on n'en a plus le droit. Agir autrement, c'est voler. On dit bien que l'intérêt représente le risque couru par les capitaux engagés, et qu'à ce point de vue il est honnête. Oui, comme l'argent donné à un brigand qui vous menace d'un poignard, est honnêtement acquis par lui. Dans la société de l'avenir établie d'après les principes du collectivisme, on ne connaîtra ni rente, ni intérêt, ni loyer. Les capitaux deviendront la propriété de tous, et par suite, personne n'aura plus envie de s'approprier ce qui est au voisin. *La confiance deviendra générale, et le crédit sera illimité.*

Impôts. — En principe, l'impôt n'est pas équitable, puisqu'il sert à rétribuer des services souvent inutiles à celui qui le verse ; en fait, il est inique. En effet, à quoi sert-il principalement? A payer le budget de l'armée, qui massacre le peuple ; celui de l'instruction publique, dont les professeurs n'enseignent que l'ignorance ; celui des cultes, avec lequel s'engraissent des hommes qui jettent à l'esprit humain ce défi insensé : Heureux ceux qui souffrent ; heureux les pauvres !

Cependant, si, en principe, il faut supprimer tous les impôts, en fait, il est nécessaire de pourvoir les caisses de l'État, *tant qu'il y aura un État.* Donc, pour le moment, il faut s'arranger de manière que non-seulement l'impôt ne frappe pas uniquement les travailleurs comme cela a lieu, mais encore qu'ils ne le payent que dans de faibles proportions. Supprimons avant tout les octrois, barrières placées à l'entrée des villes pour faire obstacle à l'alimentation humaine. Quand cela sera fait, demandons que chacun soit taxé suivant sa consommation et son avoir ; enfin imposons tous les commerces, celui des prêtres compris, *tant qu'il y aura encore des prêtres.*

Emprunts. — Il serait à souhaiter que lorsque l'État ou les communes empruntent, il n'y ait pas d'intermédiaires, et que les émissions se fassent par souscription publique. Il faudrait aussi supprimer les primes et les remboursements, qui n'ont pour but que d'aggraver les charges pesant sur le peuple.

On ose même dans ce siècle prélever sur le misérable une dîme usuraire. Comment dénommer autrement l'intérêt perçu dans les banques du pauvre, dans les monts-de-piété? Cela est tellement monstrueux, que les ouvriers aimeraient mieux voir supprimer de pareils établissements que de les voir fonctionner tels qu'ils sont. Cependant, ce sont là les seules banques populaires.

Travaux publics. — Les travaux publics ne devraient être donnés qu'à des sociétés d'ouvriers, et non à des entrepreneurs. Il faudra éviter avant tout de se lancer dans ces travaux insensés qui engagent l'avenir. Ils entraînent dans les grandes villes une multitude de bras qui, les travaux achevés, ne trouvent plus d'emploi.

Monopoles. — Les monopoles sont l'ennemi de l'ouvrier et du commerce. Il faut les détruire violemment ou les faire racheter par l'État. Ce dernier parti serait préférable; *il préparerait la voie au collectivisme.*

Libre échange et protection. — Qu'importe aux prolétaires le libre échange ou la protection? Ces choses-là intéressent seulement les bourgeois. En s'occupant de pareils détails, on arrête les vraies idées progressistes, les idées révolutionnaires; voilà tout.

Crises industrielles : paupérisme et vagabondage. — Dans un état social aussi instable que le nôtre, les crises industrielles doivent être nombreuses, fréquentes, terribles. Elles le sont, et se traduisent par des chômages ou des réductions de salaire, c'est-à-dire, dans les deux cas, par la ruine des travailleurs. Une des principales causes de chômage est l'égoïsme des bourgeois, dont la devise est : Enrichissons-nous. L'amour des richesses les pousse à toujours accumuler de nouveaux trésors et à ne pas craindre de confier leur fortune au hasard d'un coup de bourse. Si la chance leur est contraire, leur honneur seul est atteint, car leurs biens sont à l'abri. Il n'en est pas de même des ouvriers; la ruine de leur patron les met sur la paille, car l'usine va se fermer. Leur honneur à eux est intact, mais ce capital-là ne se négocie point. Personne ne s'inquiétera s'ils crèvent ou non.

Une autre cause de crises industrielles est la grande fécondité des races pauvres. Que faire à cela? Jusqu'ici on n'a trouvé qu'un remède, et c'est un bourgeois qui l'a popularisé. Son nom était Malthus.

Le paupérisme et le vagabondage naissent des crises industrielles, comme la vermine naît de la pourriture. Là il n'y a pas de palliatif possible. L'effet ne disparaîtra qu'en supprimant la cause.

Grèves. — La grève avait pour but à l'origine de lutter contre le capital, que l'on espérait ainsi museler. Malheureusement, à l'essai, on a vu qu'elle était une arme à deux tranchants et un mauvais moyen de lutte. S'il y en a encore, c'est qu'elles sont fomentées par les réactionnaires; les ouvriers se souviennent d'Aubin et de la Ricamarie, et n'oublient pas que les chassepots ont fait merveille ailleurs qu'à Mentana.

Caisses de secours. — En l'état, le travailleur ne peut pas faire d'économies sur son maigre avoir; c'est dire assez qu'une caisse de secours remplie par des retenues sur les salaires est une infamie. En dehors des caisses de secours, il n'y a maintenant que la mendicité ou la mort. La loi traite le mendiant comme un malfaiteur, et l'oblige à avoir recours à la charité privée, c'est-à-dire le force au déshonneur; il ne reste donc à l'homme honnête que le suicide.

L'aumône humilie et abaisse celui qui la reçoit. Elle est bonne pour les dupes ; c'est avec la charité que l'on a supprimé la justice. Les religieuses de Saint-Vincent de Paul tant vantées ne sont que des *nonnes béates* ayant étouffé en elles tout amour de la famille. Comment pourraient-elles convenablement soulager les pauvres, puisque leur cœur est si dur[1]? Si l'ouvrier est malade, on lui offre avec beaucoup de protection un lit dans ces parcs de la douleur, que l'on nomme des hôpitaux. Voilà les secours que l'on daigne accorder aux producteurs de la richesse. Il leur faut mieux que cela, et puisqu'on n'a pas su ou voulu le leur donner, ils sauront bien le prendre.

Provisoirement, nous demandons pour nos malades des caisses de secours, mais qui soient alimentées avec d'autres ressources que celles prélevées sur nos salaires insuffisants.

Caisses de retraite. — Puisque l'État existe, il a le devoir d'organiser une caisse de retraite pour

[1] Congrès de Lyon, séance du 3 février.

les vieillards, comme il en a organisé pour les soldats et les fonctionnaires. Il serait même bon de voir adopter le principe de la retraite proportionnelle aux services rendus, de manière que tout travail fait soit rémunéré. Si les ouvriers voulaient créer une caisse de retraite sans le concours de l'État, ils ne pourraient en jouir que dans plusieurs années, ce qui est absurde. Ce qu'il faut, c'est *jouir immédiatement.*

Marine et colonies. — L'inscription maritime est un bienfait pour la marine[1]. En la modifiant légèrement, elle sera à la hauteur de la société moderne.

Quant à la colonisation, il faudrait, pour qu'elle donnât de bons résultats, envoyer partout des gouverneurs vraiment civils, et *les choisir avec discernement.* Quand la République démocratique et sociale sera fondée, les colonies, qui ont si souvent servi des causes iniques, ne serviront plus que des causes justes.

Si nos espérances n'étaient point prochaines, nous nous étendrions davantage sur les problèmes divers que nous venons de parcourir si rapidement. Mais à quoi bon des phrases quand, avant peu, le collectivisme nous donnera des faits?

[1] Congrès de Marseille, séance du 28 octobre.

QUESTIONS DE MOYENS

I

ASSOCIATION

Sommaire. — Puissance de l'esprit d'association. — Associations de production. — Associations de consommation. — Associations de crédit. — Association égalitaire.

Puissance de l'esprit d'association. — Qui osera nier la puissance de l'association? C'est par elle que l'industrie moderne a opéré ses prodiges ; c'est par elle aussi que le prolétaire du dix-neuvième siècle triomphera du capital. Elle établira le règne de la fraternité égalitaire, et en moins de trente ans transformera le vieux monde. Les derniers vestiges du monarchisme, de l'individualisme et de l'autoritarisme seront brisés par elle, et leurs débris joncheront le sol. Nous n'aurons plus de maîtres ; nous le serons tous.

Les décrets des 2-17 mars, des 14-27 juin 1791, ont eu pour conséquences imprévues de développer à outrance l'individualisme. Le principe qui depuis lors gouverne le monde est celui-ci : chacun pour soi; chacun chez soi. Aucun lien n'existe plus entre les patrons et les ouvriers, et ces liens, qu'il avait fallu des siècles pour former, ont été brisés en un jour. Le patron n'a plus qu'un souci, gagner de l'argent, et il s'est élevé une féodalité financière à la place laissée vide par la féodalité nobiliaire. La nouvelle noblesse a eu soin de ne prendre de l'ancienne que ce qu'elle avait de plus détestable, et non ce qu'elle pouvait avoir de bon. Quant à l'ouvrier, il travaille uniquement pour assurer sa vie quotidienne, et sa face livide, ses joues hâves, disent assez s'il réussit.

Le prolétaire ne rencontre partout qu'isolement, haine et mépris; aussi rend-il haine pour haine, mépris pour mépris. Unissons nos cœurs pleins du même fiel, faisons entrer dans notre association, de gré ou de force, tous les dissidents, et bientôt, de serviteurs de la production, nous passerons au rang de coopérateurs. Alors tomberont devant nous les murs des bastilles modernes élevées par les bourgeois autour du capital, de la même manière que nos pères ont vu tomber la Bastille ancienne, élevée par les rois autour de la Liberté. Par l'association, nous fonderons le socialisme scientifique, le collectivisme.

Les modes d'association sont très-nombreux. Aussi ne nous occuperons-nous que de ceux qui ont en ce moment la faveur des classes ouvrières, c'est-à-dire des associations pour la production, la consommation et le crédit. Nous montrerons l'inanité de toutes ces tentatives, bonnes tout au plus à préparer les esprits à la grande révolution qui approche et qui se résume aussi en un mode d'association.

Associations de production. — On peut dire *à priori* que les associations de production sont mauvaises au point de vue socialiste, car les catholiques et les bourgeois les encouragent. On veut nous endormir en nous lançant des miettes du festin. Ne nous laissons pas faire, et réclamons hardiment notre place au banquet de la vie. Nous avons des droits sur la fortune de la France, accumulée par le travail des générations précédentes; faisons valoir ces droits. C'est l'ouvrier qui, par son courage et son génie, fait la richesse et la gloire d'une nation. Que cette pensée nous soutienne dans les épreuves!

Quand des ouvriers réunis en associations de production voient leurs efforts couronnés de succès, qu'arrive-t-il? Ils oublient leurs camarades et prennent vite les vices des patrons : la morgue, la cupidité, l'immoralité commerciale. Pour eux, les journées ne sont jamais assez longues, et ils ne pensent plus qu'à leurs intérêts propres. Ils laissent de côté les études sociales, et sont disposés à prendre en main le parti des patrons de préférence à celui de leurs frères. L'association de production est encore cause d'un abus plus grave. Les patrons, pour soutenir la concurrence des sociétés de production, baissent les salaires de leurs ouvriers. Il en résulte que ceux-ci sont sacrifiés à celles-là. Les associés violent ainsi impudemment la liberté individuelle, puisque les non associés sont forcés, pour gagner les mêmes salaires qu'autrefois, de travailler davantage. Enfin, l'association de production porte atteinte à la famille, car les sociétaires sont exclusifs et refusent tantôt le père, tantôt le fils, tantôt le frère de l'un des membres. Ces refus sont cause de querelles et de divisions entre parents.

En résumé, les associations de production sont malsaines, parce qu'elles propagent un régime analogue à celui créé par l'individualisme; elles sont immorales, parce qu'elles tendent à faire des ouvriers des espèces de patrons; elles sont antisociales, puisqu'elles créent des divisions parmi les ouvriers et les désintéressent *du bien public*.

Associations de consommation. — Les associations de consommation ne valent guère mieux que les précédentes. De plus, elles tendent à supprimer les intermédiaires, qui viennent ainsi grossir les rangs du prolétariat, et faire baisser les prix de la main-d'œuvre. Cependant, elles ont certains avantages qu'il serait injuste de contester. Ainsi, les ouvriers associés ont plus de chance de ne pas être trompés sur la valeur et le poids des denrées vendues. Cet avantage a une importance considérable, si l'on songe à la *liaison intime qui existe entre le cerveau et l'estomac*. Faciliter à l'ouvrier les moyens de se bien nourrir *revient, par conséquent, à faire faire un grand pas à la civilisation* qui se développe comme le cerveau humain[1]. Ces considérations nous empêchent de condamner les associations de consommation aussi radicalement que les associations de production.

Associations de crédit. — L'épargne pour l'ouvrier, nous l'avons vu, est aussi difficile que la croyance aux miracles. Du reste, quand bien même il le pourrait, n'hésitons pas à dire qu'il ne le devrait pas faire. En épargnant, on laisse le marché s'engorger; le fabricant ne fabrique plus,

[1] Congrès de Marseille, séance du 29 octobre.

et finalement l'ouvrier ne reçoit plus son salaire. L'épargne étant inacceptable, comment le prolétaire pourra-t-il devenir propriétaire de ses outils, en attendant le triomphe du collectivisme? Il ne faut pas espérer arriver jamais à une pareille possession autrement que par l'application de la théorie précitée, mais on peut l'essayer en instituant des banques de crédit au travail. Les banques auront comme garantie la *solidarité collective des travailleurs*.

Association égalitaire. — Que conclure des aperçus que nous venons de donner sur les modes d'association en vogue, sinon que toutes les tentatives faites par les prolétaires sont impuissantes, et qu'il fallait autre chose? Il n'y aura de vraiment efficace qu'une association des exploités contre leurs parasites. Cette association a été inventée, nous l'avons dit; c'est le collectivisme. Par lui, les salariés, devenus possesseurs de leurs outils et des matières premières, travailleront le même nombre d'heures et recevront le prix intégral de leur labeur. Qu'on ne vienne pas dire que cette façon de procéder est injuste parce qu'elle ne tient pas compte des aptitudes différentes; on aurait tort. En effet, comme par la nouvelle méthode le prix des journées sera élevé dans une proportion inconnue jusqu'à ce jour, aucun ouvrier ne se trouvera dans une condition moindre que celle qu'il aurait eue autrefois. Personne ne sera donc fondé à se plaindre.

Nous n'arriverons à l'association égalitaire qu'en marchant avec prudence. Les massacres de 1871 et les bagnes calédoniens sont là pour nous dire combien il en coûte d'être vaincu. Allons lentement, nous irons sûrement. Alors, avant peu, l'humanité pourra enfin marcher vers le but pour lequel elle existe, qui est de *satisfaire tous les besoins*.

II

CHAMBRES SYNDICALES ET CONSEILS DE PRUD'HOMMES

Sommaire. — Nécessité et but des chambres syndicales. — Moyens d'organisation. — Organisation des conseils de prud'hommes. — Compétence des conseils.

Nécessité et but des chambres syndicales. — Le monde est divisé en deux camps ayant chacun leur bannière. Sur la première, on lit jouissance ; sur la seconde, misère. Au premier camp appartiennent les moines de toutes les robes, les politiciens de toutes les couleurs, les riches de tous les biens. Ceux-là, qu'ils soient en blouse ou en redingote, sont des conservateurs : la société leur va parce qu'ils en profitent. Dans l'autre camp sont rangés en longues files ceux qui souffrent de l'oppression, qu'elle vienne de l'Église ou de la loi, du capital ou d'ailleurs. Ceux-là sont les mécontents ; ils veulent la Révolution, qui les fera changer de camp[1]. Les chambres syndicales doivent être un des moyens employés pour cette évolution, un levier dont l'opprimé se servira pour renverser l'oppresseur. Il faut qu'elles soient une tribune ouverte à toutes les revendications, un moyen de lutte acharnée et de propagande sans merci. Par leur influence, on verra *l'union harmonique* régner entre les travailleurs, les frontières abaissées, et la ligue des peuples contre les rois cimentée. Elles auront la gloire de démasquer tous les jésuites, qu'ils soient disciples de Loyola ou de M. Gambetta, et permettront à notre génération de mener à bonne fin l'œuvre commencée sur les barricades. Elles seront, pour ainsi parler, la clef qui ouvrira l'armoire de fer où sont enfermées toutes les espérances du prolétariat, et ce sera de leur sein que sortiront toutes les résolutions viriles.

On sait que les travailleurs n'ont rien à attendre du gouvernement, qui représente toujours un principe conservateur. Donc, il serait illogique, néfaste, de s'adresser à lui pour briser les entraves mises à la réunion des chambres syndicales. On voit par là ce qu'il faut penser des projets de loi ou des lois sur les chambres syndicales. En réalité,

[1] Congrès de Marseille, séance du 23 octobre.

celles-ci n'existent pas actuellement, puisqu'elles sont soumises au bon plaisir de l'autorité. Cette situation mal définie éloigne un certain nombre d'adhérents ; elle est cependant la situation logique de la Révolution, dont l'atmosphère vitale est le combat. Quand cette idée sera devenue familière aux prolétaires, avachis par les vingt régimes politiques qui se sont succédé depuis 1793, un grand pas aura été fait. En attendant, déclarons la guerre à l'*opportunisme,* le plus affreux de ces régimes de honte. Poursuivons de notre haine implacable nos députés, sortes de *jésuites rouges*, dont quatre-vingts sur cent se sont engagés à demander le droit absolu d'association, et parmi lesquels il n'en est pas six sur cent à avoir tenu leurs promesses de candidats. Si nos pères de la grande époque, les Danton, les Robespierre, les Saint-Just, avaient montré la même indifférence que nous pour la liberté, il nous faudrait encore, après une journée de labeur, battre les étangs des seigneurs de noble race afin que les grenouilles ne les empêchent pas de dormir.

Pendant qu'on nous mesure le droit de nous réunir, on le laisse prendre aux calotins. Passons-nous donc de la loi, puisqu'on nous en refuse le bénéfice. Organisons-nous courageusement; soyons sans pitié pour ceux qui ne viendraient pas à nous, et refusons-leur même le morceau de pain qui leur sauverait la vie. A ce prix nous seront forts; si on nous tue, nous renaîtrons de nos cendres. Hier nous étions l'Internationale; aujourd'hui nous sommes des chambres syndicales; demain nous serons autre chose. On n'ensevelit pas les idées; elles progressent à travers les obstacles, et se fortifient. Que les villes et les campagnes organisent des chambres syndicales, et qu'elles les fédèrent ensemble. Nous ne tarderons pas, de cette façon, à devenir les maîtres de nos anciens maîtres. Malheur aux rois plus méchants que les tigres, et aux bourgeois plus rampants que les reptiles, quand sonnera l'heure de la justice[1] !

Moyens d'organisation. — Tenons-nous prêts pour toute éventualité, et centralisons à Paris les renseignements propres à nous faire connaître, à un moment donné, la force de l'armée ouvrière. Quoique l'on nous refuse l'existence légale, profitons de ce que le gouvernement est faible, et n'ose appliquer les lois. Faisons de nos chambres, que l'on tolère, des écoles de socialisme, des salles de réunion pour des conférences, des bureaux d'embauchage pour nos frères, etc. Nous tournerons

[1] Congrès de Marseille, séance du 24 octobre.

ainsi de notre côté cette masse indécise, qui n'a pas d'opinions et les reçoit toutes faites. Ayons des bibliothèques, remplaçons les cercles de *Jésus-Ouvrier*, etc.; soyons, en un mot, l'association type de toute association socialiste. En attendant le moment tant désiré où de la théorie nous passerons à l'action, perfectionnons-nous nous-mêmes; renonçons à nos habitudes de jalousie mesquine, de personnalité ridicule. Aujourd'hui, l'ouvrier est naturellement plat. S'il rencontre un de ses camarades, il le salue gaillardement, sans politesse ; s'il rencontre un patron, il se plie en deux ; en trois, s'il est riche; en quatre, s'il est très-riche[1]. Avec la chambre syndicale derrière lui, l'ouvrier ne se pliera plus du tout, et il fera plier les autres !

Il devra aussi y avoir des chambres syndicales de femmes; cela va de soi.

Organisation des conseils de prud'hommes. — La prud'homie remonte au moins au treizième siècle de notre ère. Beaucoup de lois et décrets l'ont successivement organisée ou désorganisée. Actuellement, les conseils de prud'hommes sont régis par les lois de 1806, de juin 1853 et de juin 1854. Il y a en France 112 de ces conseils. Comme

[1] Congrès de Lyon, séance du 30 janvier.

l'esprit qui les dirige leur a été insufflé par les Césars, ils ont besoin d'être modifiés.

Tout d'abord, il faudrait faciliter les conditions d'éligibilité des conseillers, et les nommer au suffrage universel. Ce même suffrage pourrait aussi les révoquer. Chaque conseil devrait élire son bureau et nommer son président pour un temps très-limité, afin que chacun puisse le devenir à son tour. C'est au bureau qu'incombera le soin d'élaborer un règlement.

On devra exiger que chaque profession manuelle soit représentée dans les conseils. Les fonctions de conseiller-prud'homme seront payées sur les fonds départementaux.

Compétence des conseils. — Les conseils connaîtront de tous les faits portés autrefois devant les juges de paix, et ceux-ci deviendront inutiles. Tous les différends survenus entre patrons et ouvriers, ou plus généralement entre salariés et *salarieurs,* seront jugés par les prud'hommes. Ils auront le droit de visiter les ateliers et les ouvroirs à n'importe quelle heure du jour ou de la nuit, et s'assurer que l'on y applique les lois et règlements d'hygiène ou autres. Ils auront le droit d'intervenir dans ces règlements et dans tout ce qui concerne le travail manuel, spécialement dans les contrats d'apprentissage. Ce sera aussi à eux que reviendra le soin de juger les querelles entre chambres syndicales d'ouvriers et chambres syndicales de patrons.

Pour que l'efficacité des conseils de prud'hommes soit plus grande, il faudra en créer dans les moindres villages, et ajouter aux deux cent trente-quatre catégories reconnues par la loi, celles des employés, des personnes à gages et des ouvriers agricoles.

III

CRÉATION DU QUATRIÈME ÉTAT

Sommaire. — Formation d'un parti ouvrier. — Représentation de ce parti aux corps élus. — Indemnités des fonctions électives. — Programme d'action. — Création d'une presse ouvrière.

Formation d'un parti ouvrier. — Avant la Révolution, la société française était divisée en trois classes; le peuple ne comptait pas. Deux classes sombrèrent pendant la tempête soulevée par ce peuple dédaigné, et dès lors on s'aperçut qu'il était la force, sans vouloir encore lui reconnaître le droit. C'est ce droit, mille fois proclamé et toujours nié, qu'il faut enfin faire triompher. Il a été affirmé de nouveau, il y a peu de temps, à la tribune française, et c'est porté par les flots du quatrième état que le maître des destinées de la France, M. Gambetta, s'est élevé des bas-fonds du café Procope aux splendeurs du Palais-Bourbon. En le voyant là, lui l'homme des *nouvelles couches*, nous sommes en droit de nous demander pourquoi nous n'y sommes pas avec lui. Comme l'ancien tiers état, le parti ouvrier a la volonté d'être tout, et il en a aussi le pouvoir. Le quatrième état doit remplacer logiquement le troisième, car celui-ci, comme l'ancienne noblesse et plus qu'elle, a commis toutes les fautes. Hier encore, la bourgeoisie eût pu faire utilement sa nuit du 4 août : elle ne l'a pas fait ; à présent il est trop tard. Désormais, il y a entre elle et nous, et pour toujours, l'immense abîme de sang et de larmes creusé par la lutte de 1871. Pour combler cet abîme, il faudrait oublier nos frères martyrs morts assassinés, et tendre la main à leurs bourreaux[1]. Mieux vaut que la réconciliation soit impossible, car cette bourgeoisie est bien infâme. Sa politique se confond avec ses intérêts, et au lieu de sentiments, elle n'a que des appétits. Qu'on en juge. Sous la Convention, elle est jacobine ; après brumaire, elle s'efface pour ne se relever qu'en 1815 ; elle se fait cléricale avec la Restauration, voltairienne sous le gouvernement de Juillet ; 1848 la trouve tremblante pour son dieu favori, l'argent ; elle reprend courage quand brille l'étoile ensanglantée du brigand de décembre, et avec lui devient césarienne ; aujourd'hui, elle est l'humble servante

[1] Congrès de Marseille, séance du 27 octobre.

de ce gouvernement bâtard qui a tant promis et qui ne tient rien, qui n'est ni l'autorité ni la liberté, mais un je ne sais quoi qui n'a de nom dans aucune langue honnête, et dont le but est la spéculation, l'agiotage..... l'infamie pour tout dire[1].

Faiblesse et corruption, voilà la devise de la bourgeoisie ; courage et honnêteté, voilà celle des travailleurs. Il convient donc que la classe des travailleurs remplace celle de la bourgeoisie. Toute fusion est impossible entre elles, et les lois de la nature exigent qu'un organisme sain remplace un organisme tombé en putréfaction. Nous voulons, en tant que classe, nos droits civils et politiques, c'est-à-dire le bien-être et la liberté dans la plus large mesure possible.

Représentation de ce parti aux corps élus. — La représentation directe des ouvriers aux corps élus est une nécessité primordiale ; c'est un acheminement à l'émancipation prolétarienne. Toutes nos forces doivent tendre principalement à franchir l'enceinte des assemblées politiques ; c'est là que sont les vraies forteresses des classes privilégiées. Quand nous serons dans la place, il nous sera plus aisé de la détruire, et avec elle la société qu'elle

[1] Congrès de Lyon, séance du 3 février.

protége. Depuis que nous avons le suffrage universel, nous assistons à un singulier spectacle : la chasse à l'électeur. Avant le vote, le candidat met tout en œuvre pour prendre son gibier, et ne chicane ni sur les mots ni sur les promesses. Après le vote, tout est oublié. Que les électeurs, eux, n'oublient pas; que désormais ils aillent chercher leur candidat, et que ce ne soit pas le candidat qui vienne les chercher. Les avocats, les journalistes, les médecins, les notaires qui représentent le prolétariat au Parlement, ne connaissent pas ses besoins; les manufacturiers, qui s'y trouvent aussi, pourraient les connaître, mais ils y sont indifférents ou opposés. Qui prendre donc comme représentants, sinon des ouvriers? En attendant, méfions-nous comme de la peste des avocats, car l'art de bien dire amollit les courages et mène fatalement les peuples au despotisme. Les avocats, comme le chiendent, poussent partout, s'infiltrent partout. Sans eux, l'édifice commencé par Voltaire, continué par Marat et Proudhon, serait achevé; grâce à eux, il est encore loin d'être terminé. Leur bouche envenimée souffle à volonté le froid et le chaud, le bien ou le mal; c'est une question de prix. Ils ont détruit la conscience et retardé l'heure de l'émancipation. Que le passé nous serve de leçon! Un avocat, et le plus grand parmi eux, Mirabeau, a trahi la cause du peuple qu'il avait juré de défendre, dès que le peuple n'a plus été nécessaire à sa fortune; par celui-là, jugeons des autres. Tous les Mirabeau ne sont pas morts.

Nous sommes le nombre dans la nation; soyons-le dans ses conseils. Quand les travailleurs seront persuadés de cette vérité, ils porteront sur eux-mêmes tous leurs suffrages. Alors, comme ces boules de neige qui roulent sur les pentes des montagnes augmentant toujours leur volume, et menaçant de tout écraser, le parti ouvrier grandira vite; chaque élection le rendra plus fort; et bientôt il siégera seul au Parlement, où il anéantira ses adversaires. Dans les premiers temps les *coassements des grenouilles du marais parlementaire* essayeront de couvrir la voix des orateurs. Qu'importe? Cette voix sainte franchira les murs des assemblées, et ira préparer le triomphe définitif de la démocratie.

Indemnité des fonctions électives. — Les principes socialistes exigent que tout membre des corps élus reçoive une allocation fixe, les jetons de présence étant *inadmissibles*. Partant de là, il faut exiger que lorsqu'un député ne sera pas validé, il touche néanmoins son traitement. Si on ne prenait pas ces précautions, on verrait se renouveler à l'encontre des députés ouvriers *les scandales des invalidations de* 1877[1]. Les ressources de l'ouvrier seraient par ce moyen vite épuisées, et il se verrait forcé de renoncer à son siége. Cependant, pour tenir en bride le représentant prolétaire, il faudra que l'indemnité qui lui revient soit versée au comité qui a présidé à l'élection. Ce comité rémunérera son mandataire *suivant les services qu'il rendra.*

Les règles adoptées pour les élections au Parlement devront être suivies pour les conseils généraux, les conseils d'arrondissement, les conseils municipaux, etc. Il faut qu'on sache ce que vaut le peuple.

Programme d'action. — Ce que les ouvriers ont de plus pressé à faire, c'est de s'organiser pour les prochaines élections. Ils devront former un comité central pour toute la France, chargé de préparer les élections ouvrières. Il faut que les candidatures soient bien réellement prolétariennes et n'en aient pas seulement l'apparence. Une fois les candidats choisis, il ne faudra pas oublier que l'homme est faible, et qu'il est plus sûr de dépendre d'une collectivité que de sa conscience. Par conséquent, le

[1] Congrès de Lyon, séance du 3 février.

mandat impératif sera de rigueur, et comme sanction, l'élu devra toujours être révocable. Un comité ouvrier siégeant en permanence sera chargé de surveiller la conduite de l'élu et de la censurer au besoin. Il faudra que les députés ouvriers demandent avec instance la réalisation de l'idée autrefois préconisée par le citoyen Grévy : la suppression du gouvernement. Ce qu'il y a de plus saillant dans la conduite de nos députés radicaux, même quand ils sont de bonne foi, c'est qu'aussitôt nommés, ils deviennent des hommes de gouvernement. Beaucoup promettent de s'employer à détruire la machine gouvernementale ; tous se laissent prendre dans ses engrenages rouillés, comme si, depuis quatorze siècles qu'elle existe, elle n'avait pas encore fait assez de victimes.

Création d'une presse ouvrière. — Comme moyen de propagande, le pouvoir d'une presse socialiste serait immense. Occupons-nous donc de cette importante question. Pareil au pollen qui féconde les fleurs à travers les espaces, la pensée de l'écrivain socialiste sera portée par la presse jusqu'à la mansarde du pauvre, et fécondera son désespoir. La presse ouvrière jouera le rôle d'un fil électrique et enverra rapidement dans toutes les directions, quand le moment sera venu, l'étincelle aveugle qui incendiera toutes les réactions. Créons donc la presse ouvrière socialiste ; elle sera la *cellule organique* du socialisme universel. Elle devra être athée, car l'athéisme, c'est la science substituée à la foi, la justice humaine à la justice divine ; révolutionnaire, parce que la Révolution est le seul moyen de réaliser l'athéisme. En réalité, la presse ouvrière n'existe pas. Tous les journaux que l'on laisse vivre sont réactionnaires, bourgeois, imbus de l'idée d'autorité et de hiérarchie. Ceux qui sont courageux, la censure les supprime[1].

[1] Ne pas oublier que le dernier congrès date d'octobre 1879. Certains journaux aujourd'hui semblent réaliser le programme tracé ici.

QUESTION SPÉCIALE AU CONGRÈS DE MARSEILLE

LA QUESTION SOCIALE

Sommaire. — Le problème social ; exposé.

Le problème social; exposé. — Le problème social ou question sociale, nié par le satrape engraissé qui se prélasse dans un fauteuil présidentiel, est résolu par le socialisme. Cette nouvelle doctrine tend à continuer les traditions de la Révolution française, et, par l'application de la justice scientifique, à remettre la société sur des bases rationnelles.

C'est le retour au droit naturel. La société moderne se tord sous la pression du socialisme qu'elle porte dans ses flancs ; elle a résisté jusqu'ici aux efforts faits pour la délivrer, mais un jour ou l'autre il faudra qu'elle accouche. Alors, tous les maux de l'humanité seront à jamais conjurés. La devise des peuples sera encore : Liberté, égalité, fraternité; mais la liberté existera réellement, parce qu'on aura supprimé tout ce qui la gêne; l'égalité, parce que personne n'aura plus ni faim, ni froid; la fraternité, parce que les hommes s'aimeront les uns les autres. Grâce au socialisme, tous les besoins seront satisfaits, et alors les devoirs et les droits seront *harmonisés*. Le radicalisme n'est pas le socialisme. Le premier a atteint le but, mais pour lui seul; le second cherche à l'atteindre pour tous.

Celui qui se révolte contre ce qui est injuste fait acte d'homme libre; il n'y a de vraiment esclave que celui qui aime son maître. Cette maxime trace son devoir à tout prolétaire digne de ce nom; il n'aura pas de repos avant que la société, établie sur l'injustice, ait disparu. Pour cela il faut saper ses fondements, briser ses étais : la religion, quel que soit son nom; l'autorité, quel que soit son titre; le capital, quel que soit son emploi. Il n'en faudra pas davantage pour que la société, déjà rongée par les vers, tombe en pourriture. Les prolétaires sont là pour recueillir la succession. Brûlons toutes les idoles, l'idole religieuse, l'idole autoritaire, l'idole capitaliste, et jetons leurs cendres au vent.

IDOLE RELIGIEUSE. — Le seizième siècle a attaqué l'Église; le dix-huitième a attaqué Jésus-Christ; le dix-neuvième ose enfin attaquer Dieu et le nier. Qu'est-ce, en effet, que Dieu, sinon une création de l'homme, une incarnation de l'idée de justice qui déborde de son cœur? L'homme a créé Dieu à son image, puis, comme le statuaire antique, il a adoré son œuvre. Cette idolâtrie, jetée en pâture par les siècles à l'imagination humaine, a produit une race vile et intrigante dont la doctrine est un mensonge et l'enseignement une exploitation. Celui que ces prêtres nomment leur divin Sauveur a, disent-ils, couvert les richesses d'anathèmes, et cependant ils insultent par leur luxe à la misère du pauvre. Tout se vend dans leurs boutiques, et avec beaucoup d'or, ils ouvrent leur paradis aux mourants. Finissons-en avec tous ces sacrilèges. Que désormais l'homme flétri par je ne sais quelle faute originelle se relève dans sa fierté ; qu'il pratique le bien et qu'il évite le mal uniquement par amour de la justice, et non plus par crainte d'un châtiment imaginaire. Que la mort le trouve prêt contre toutes les faiblesses, aguerri contre toutes les défaillances : qu'il apprenne enfin à mourir sans prêtre comme il aura vécu sans Dieu [1].

IDOLE AUTORITAIRE. — En face de l'autorité, la Révolution a proclamé la liberté. Ce principe, in-

[1] Congrès de Marseille, séance du 30 octobre.

scrit dans toutes nos constitutions par les gouvernements qui se sont succédé en France depuis le 14 septembre 1791, devait fatalement *amener leur chute*[1]. Il est comme un germe morbide auquel nulle autorité ne peut résister. La liberté proclamée par la Révolution et l'autorité proclamée par le Christ sont par essence contradictoires; elles ne peuvent vivre ensemble. L'une doit détruire l'autre. Les gouvernements qui essayeront de s'établir en inscrivant le mot de liberté dans leur charte octroyée ou votée, sont destinés à périr. Il en sera ainsi jusqu'au jour où, la logique triomphant enfin, il n'y aura plus de gouvernement du tout. Tout gouvernement est un non-sens depuis la Déclaration des droits de l'homme. Nous ne retrouverons la stabilité que lorsqu'on aura proclamé l'anarchie[2].

IDOLE CAPITALISTE. — L'hérédité dans l'industrie a remplacé l'hérédité féodale, et on voit des chefs d'usine de dix ans comme il y avait des colonels de quinze. Dans les deux cas, de par le hasard de la naissance, des enfants commandent à des hommes. L'obéissance, humiliante en elle-même, prend ici un caractère abject. C'est l'hérédité qui produit

[1] Congrès de Marseille, séance du 30 octobre.
[2] Congrès de Marseille, séance du 30 octobre.

de telles anomalies; aussi la Révolution la condamne-t-elle. Comme tous les autres abus, celui-là disparaîtra avec le collectivisme.

On le voit, le socialisme a pour première besogne de démolir la vieille société. Occupons-nous donc d'abord de cela, et hâtons-nous, de peur que le prêtre et le soldat unis ensemble ne viennent à consolider le vieil édifice déjà bien ébranlé. Formons des adeptes tout à la fois pionniers, apôtres, soldats. Suivant les occasions, ils prendront le pic, la parole ou le fusil. Leur unique mot d'ordre sera : Haine et jouissance.

CONSIDÉRATIONS

SUR LES

QUESTIONS TRAITÉES DANS LES CONGRÈS

Nous allons passer rapidement en revue les théories exposées dans le Précis précédent et indiquer quelques arguments à leur opposer. Cette sorte de réfutation ne sera pas étendue. Il ne s'agit pas d'écrire un traité antisocialiste, mais de résumer les réflexions faites, sans doute, par chacun en lisant les folies que je viens de retracer. Je devais cette satisfaction à mes lecteurs et à moi-même.

La question sociale n'est pas traitée ici. Sa solution dépend, en effet, de celle des autres questions dont elle n'est que la résultante.

QUESTIONS DE PRINCIPES

I

LA FEMME

La Révolution veut faire de la femme l'égale de l'homme, et comme conséquence, elle affirme que tous deux doivent toucher le même salaire pour un travail non identique. Une pareille prétention est contraire à la science, à l'histoire, aux droits, à la justice et à la morale, à la loi divine enfin.

Science. — Physiquement, la femme est l'inférieure de l'homme. Sans parler de la différence des sexes, la taille de la femme est plus petite que celle de l'homme, sa force est moindre, son système osseux différent, etc. En outre, ses grossesses et ses autres infirmités la placent au-dessous de l'homme, son protecteur-né.

Quant aux arguments que l'on prétend tirer, pour édifier un état social nouveau, de la loi de l'évolution des espèces, on ne saurait les admettre. D'après cette loi même, si les sexes se modifiaient, ce ne serait que dans plusieurs milliers d'années. Comment dès lors raisonner pour le présent en admettant une hypothèse si lointaine ?

Histoire. — L'antiquité païenne avait fait de la femme une esclave chez les peuples barbares, et quelque chose d'analogue chez les peuples civilisés. Il en était ainsi chez les Romains et chez les Grecs, chez les Gaulois et chez les Scythes, chez les Juifs et dans l'Inde. L'Égypte même, bien qu'entourant la femme d'égards, la considérait comme d'une essence autre que celle de l'homme. C'est le christianisme qui a affranchi la femme, en lui reconnaissant la seule égalité à laquelle elle ait droit, l'égalité morale. La suprématie qu'elle doit ambitionner est toute de dévouement et d'amour, et il en est ainsi partout où le christianisme règne. Quand il n'est plus écouté, la femme devient esclave ou de l'homme ou du vice. En Orient, sa place est au harem et dans les bateaux-fleurs ;

en Occident, quand elle n'est pas femme de foyer, elle est femme de rue et de ruisseau.

Droit, justice, morale. — Au point de vue juridique, l'infériorité de la femme n'est que trop reconnue en France ; je me hâte de convenir qu'il y a là un excès de notre législation. Il serait urgent d'abroger l'article 340[1] du Code civil. On sait qu'un projet dans ce sens a été déposé au Sénat par M. Chesnelong. Comme il émanait de cet éloquent et courageux catholique, on l'a écarté. Il ne faudrait pas se contenter d'autoriser la recherche de la paternité, mais aussi infliger une pénalité sévère aux don Juan dont les titres de gloire se comptent par le nombre de filles qu'ils ont déshonorées. Quand nos lois se seront amendées dans le sens que j'indique, elles contiendront encore bien assez d'articles consacrant l'infériorité de la femme.

Proudhon, le penseur infernal, est contre l'égalité de l'homme et de la femme. Il a compris que l'égalité *du mâle et de la femelle* amènerait la mort des *petits* et tuerait l'humanité. L'égalité absolue rêvée par les révolutionnaires mène fata-

[1] Cet article dit que la recherche de la paternité est interdite.

lement là. Que ceux qui en doutent jettent un regard sur les États-Unis.

Dans ce pays, la femme réclame ses droits égalitaires plus que dans aucun autre; il en résulte qu'elle perd de plus en plus la notion de ses devoirs. Aspirant à devenir l'égale de l'homme, son premier soin a été de s'affranchir de la maternité, le premier de ses devoirs. Aussi les plus optimistes des statisticiens n'évaluent-ils pas à moins d'un million les avortements pratiqués annuellement dans l'empire où la succession du président Hayes est ambitionné par une femme.

Que dire de la prétention de voir les salaires établis sur la durée du travail et non plus sur sa valeur? Rien assurément, si ce n'est que ce serait une injustice flagrante. Ce qui est juste est ce qu'il faut faire, c'est corriger les abus dont les femmes sont victimes. Le plus grand de tous, c'est que la femme aille dans une manufacture; sa place n'est pas là. Il y a, il est vrai, des usines chrétiennes, mais elles sont bien rares. La plupart des autres sont des centres de prostitution et de perdition. Je n'ignore point qu'en fin de compte, si la femme se perd, c'est que cela lui convient; mais le devoir de la société est d'empêcher que le mal trouve des facilités dans les mœurs ou dans les lois. Dans le cas qui nous occupe, la société remplit-elle son devoir? Non assurément; les mœurs industrielles ont besoin de profondes modifications. La première de toutes sera de replacer la femme au foyer domestique.

Loi divine. — Toutes les religions connues, celle de Brahma comme celle de Mahomet, celle du Soleil comme celle de Confucius, proclament l'infériorité de la femme. Le Christianisme, tout en déclarant que la femme est l'inférieure de l'homme, reconnait cependant son égalité morale. Je vais prouver par des textes ces deux dernières assertions. Quand la femme eut péché, Dieu lui dit : « Tu seras sous la puissance de ton époux; il régnera sur toi[1]. » Saint Paul dit aussi : « L'homme n'a pas été créé pour la femme, mais la femme pour l'homme[2]. » On voit qu'il n'est ici question que de la femme mariée. La vierge est une exception, sublime il est vrai, mais une exception. C'est la femme mariée que les Livres saints appellent la femme forte. Dans une page admirable, le Saint-Esprit nous montre que la femme forte est essentiellement une femme de foyer. Écoutons-le : « La femme forte l'emporte en prix

[1] *Genèse*, III, 16.
[2] *II Cor.*

sur toutes les pierreries; le cœur de son époux se confie en elle, et la richesse s'accroît dans sa maison. Elle travaille le lin et la laine, et le conseil préside à l'ouvrage de ses mains. Ses fils se sont levés et l'ont appelée bienheureuse; son époux s'est levé et l'a comblée de louanges[1]. »

Saint Paul nous montre la femme condamnée à être l'inférieure de l'homme et Salomon nous la montre recevant la bénédiction de ses fils et la confidence de son époux. La femme peut-elle raisonnablement ambitionner une autre supériorité que celle que lui donne la confiance des siens? Cette confiance constitue une vraie égalité morale.

[1] *Proverbes*, chap. XXXI.

II

L'ENFANT

De l'union de l'homme et de la femme, il naît un être nouveau créé par Dieu à son image, et confié par lui, comme un dépôt sacré, au père et à la mère. C'est ce dépôt que la Révolution réclame. Elle veut s'en emparer, le violer et le livrer à l'État. Celui-ci, une fois maître de cette proie, la marquera à son cachet impie, en fera sa chose. Voyons dans quel but, par quel moyen, et en vertu de quelle autorité.

La phraséologie socialiste enveloppe toutes les questions de tels nuages, que c'est une bonne fortune de découvrir la pensée de la secte dans un petit nombre de paroles précises. Nous aurons cette bonne fortune. M. Grasset, membre de la Commune, s'est écrié, dans cette assemblée de voleurs et d'assassins : « *L'ennemi, c'est la famille ;* commençons par l'écraser, pour rendre l'enfant à l'État. » Un autre révolutionnaire, celui-là ministre, M. Jules Ferry, a dit : « Il y a un père de famille qui doit être plus respecté que les autres, c'est l'État. L'État est l'instituteur public de la nation. » Comme on sent bien que MM. Grasset et Ferry ont tous deux la même ambition! Tous deux veulent *écraser* la famille, et, pour cela, ils indiquent le moyen à employer : c'est l'instruction de l'État telle qu'ils la comprennent. En consultant l'histoire et la loi naturelle, le droit positif et la loi divine, nous pourrons juger si l'autorité de l'État en cette matière serait légitime ou usurpée.

Histoire et loi naturelle. — L'histoire constate les droits du père sur ses enfants dès la plus haute antiquité, mais nulle part il n'est question des droits de l'État. Dans toutes les sociétés païennes, le chef de famille a sur les siens une autorité sans limite ; et à Rome même, c'est à peine si, à la fin de l'Empire, les mœurs parviennent à adoucir ce qu'elle avait d'excessif. Chez les Romains, la puissance publique n'a jamais songé à se substituer à l'autorité paternelle, si formidablement armée ! Pour trouver une tentative de ce genre, il faut aller chez les Grecs et demander à Platon le plan de sa République modèle. On sait qu'il remplace la famille par une sorte de *haras perfectionné.*

Est-ce là où veut en arriver la nouvelle *république athénienne?*

Une fois le Christianisme entré dans les mœurs, il ramena l'autorité paternelle à de justes bornes; mais, loin de l'affaiblir, il l'a fortifiée. Le respect des parents est encore une des premières lois de la religion nouvelle, mais ce n'est pas à la force brutale qu'elle demande un appui. Elle promet une longue vie à celui qui honore son père et sa mère, et c'est moralement qu'elle agit.

L'influence chrétienne persista jusqu'à la Révolution. A ce moment, le Code civil porta légalement un coup terrible à la puissance paternelle et *prépara les voies* au criminel attentat dont on nous menace, comme si la nature même ne protestait pas! Oserait-on prétendre, par hasard, que l'amour paternel est un préjugé, que la confiance d'un enfant en sa mère est un effet virtuel? Ceux qui disent cela n'ont jamais eu d'enfant. L'amour et la confiance sont nécessaires à ces petits êtres pour qu'ils vivent. Par quoi l'État remplacera-t-il ces sentiments? M. Ferry ignore-t-il donc que les animaux eux-mêmes en ont l'instinct, et qu'on ne saurait les arracher à l'homme comme à la bête qu'au prix de la vie?

Droit. — Le Code civil a un article, l'article 745[1], qui désorganise la famille. L'État intervient là entre le père et l'enfant pour la première fois depuis que la France existe. Si cet article n'était pas abrogé, il assurerait, sans aucun doute, le triomphe de l'État sur la famille, mais amènerait aussi la fin de la France : *finis Galliæ*.

Les rédacteurs du Code n'ont pas osé aller jusqu'au bout de la logique. En même temps qu'ils déracinaient l'autorité paternelle, ils ont consacré tout un titre à cette autorité, comme pour voiler à leurs propres yeux leur lourde responsabilité. En outre du titre IX, les articles 148, 151, 173, 203, 204, 346, 361, etc., reconnaissent également les droits du père. L'article 374 donne même aux parents le droit de garde, qui n'est autre que celui d'éducation et, partant, d'enseignement. En s'emparant de l'instruction, l'État violerait le texte du Code civil.

Loi divine. — Il n'est pas une religion qui n'ordonne aux enfants d'obéir à leur père et n'entoure cette autorité de nombreuses bénédictions.

Le quatrième commandement du Dieu de la Bible parle ainsi : « Tu honoreras ton père et ta

[1] L'article 745 oblige au partage égal. Il a préparé les esprits au communisme.

mère. » Il n'est pas question de l'autorité de l'État dans ce commandement, mais bien de celle du père. En donnant à l'homme la paternité, qui est une création, Dieu lui a donné par là même, par dérivation de droit, le pouvoir sur ceux qu'il engendre. « De même que c'est en vertu d'une disposition divine que le père, continuant l'œuvre créatrice, met au monde ses fils, de même aussi c'est de droit divin qu'il exerce à leur égard la puissance[1]. »

Concluons de ce qui précède que la soi-disant autorité de l'État sur l'enfant serait usurpée. L'histoire et la loi naturelle, le droit positif et la loi divine, sont d'accord pour le proclamer. Qu'avait-on besoin d'autres preuves?

L'esprit du mal sait qu'il n'y a de tyrannie durable que celle que l'on exerce sur le cœur; aussi est-ce du cœur de l'enfant qu'il veut s'emparer. Son moyen, c'est l'école; voilà la vraie raison de l'article 7. Une fois maître du cœur, on arrive vite à l'âme; c'est ce que veulent les sectaires. Eh bien, que les valets de la Révolution le sachent : il y a en France de nombreux pères de famille qui ne demandent au pouvoir que de leur laisser l'âme de leurs fils, mais qui le lui demandent impérieu-

[1] C. Périn, *Lois de la société chrétienne*, t. I, liv. III, ch. II.

sement. Si un jour on touche à ce trésor sans prix, ces pères de famille-là seront des révoltés. L'insurrection les trouvera prêts, et ils préféreront faire le sacrifice de leur vie que celui de leur conscience. Mais, je l'affirme ici, sans crainte de me tromper, il est trop tard pour la Révolution ; elle sera vaincue dans la lutte qu'elle a engagée. C'est en vain qu'elle chassera les Jésuites et les Ignorantins; leur œuvre est faite. Ils ont rivé au cœur des vaillants, du riche comme du pauvre, l'amour de Dieu et le courage de cet amour. On ne va plus seulement à la messe comme autrefois, mais aussi au tribunal de la pénitence. Ceux qui s'humilient ainsi se sentent fortifiés contre les épreuves, aguerris pour la lutte. Quand la lutte éclatera, ils seront les vainqueurs.

Autrefois, dans l'école, on apprenait à aimer Dieu, la patrie, la famille, et on devenait un bon catholique, un bon patriote et un bon fils. Aujourd'hui, on veut remplacer cette éducation par celle de l'école-atelier et faire de tous les hommes des encyclopédistes. Cette folle prétention revient à abaisser le niveau intellectuel de tous à l'infériorité du plus bas. Une pareille méthode rendrait tous les Français pédants, mais non savants. Il ne faut pas badiner avec la science ; si elle tombe dans un terrain impropre, loin de le féconder, elle le dessèche et le désagrége. Je ne sais si c'est Proudhon ou Fourier qui inspire ici les socialistes ; je crois cependant que c'est Fourier. Le « mécanisme scolaire » intégral me paraît fondé sur ce que l'enfant ne prendra de l'instruction qui lui sera donnée que la quantité permise par « l'attraction de la destinée ». Il ira ensuite à la place qui est réservée par « cette attraction », comme la flèche va au but.

Non, l'homme n'est pas fait pour tout apprendre ni pour tout savoir, et l'instruction seule ne mène pas au bonheur. Même pour mériter la considération, la vertu est plus nécessaire que la science. Celle-ci peut élever accidentellement un génie au faîte de la gloire ; mais cette élévation sera essentiellement personnelle. La condition nécessaire et suffisante pour qu'une famille sortie de l'obscurité inspire toujours le respect à tous, c'est qu'elle continue dignement de longs siècles de vertus. Toute élévation faite en dehors de cette condition sera précaire. Les descendants d'une même souche sont solidaires, et les échelons sociaux faits pour n'être gravis que lentement par les générations. La hiérarchie humaine est une loi de la Providence, qui a voulu que sur la terre la famille fût tout, et l'individu rien.

On ne se contente pas de l'instruction intégrale ; on la veut encore civile, c'est-à-dire athée. Quelle présomption que d'aller ainsi à l'encontre de toutes les traditions de l'humanité, en voulant élever des générations sans croyances! La seule science commune à tous les hommes, la seule que tous peuvent et doivent apprendre, c'est la science religieuse, précisément la seule exclue des programmes de l'école-atelier.

Comme toujours, faisons notre profit des exagérations socialistes, pour corriger les abus. La nécessité de réorganiser les écoles professionnelles s'impose à tout homme clairvoyant ; il en est de même des écoles d'apprentissage. Des gens compétents se sont occupés de ces questions, et les catholiques marchent à la tête du mouvement.

III

LA PROPRIÉTÉ

La Révolution ne s'y trompe point. Elle sait que la propriété est une des bases fondamentales de l'ordre moderne ; aussi de ce côté ses attaques sont des plus violentes. Pour étayer le collectivisme, elle prétend que la justice, l'histoire, le droit, ne lui sont pas contraires. La justice, dit-elle, nous apprend que les hommes étant égaux par nature, leurs besoins doivent être également satisfaits, ce qui ne peut avoir lieu que par la possession commune. L'histoire constate que la propriété ayant été souvent transformée peut l'être encore, comme si la négation d'une chose pouvait être sa transformation. Le droit nous montre les anciennes spoliations dont le clergé et la noblesse ont été les victimes, consacrées par la loi et acceptées par l'opinion. Nous allons voir que la justice comme l'intérêt bien entendu, l'histoire comme le droit, et aussi la loi divine, condamnent ces sophismes.

Justice et intérêt bien entendu. — « Aujourd'hui, chaque propriétaire peut être considéré dans l'ordre social comme un agent préposé par ses intérêts à la conservation et à la multiplication de la richesse publique [1]. » Avec le collectivisme, cette garantie donnée contre les besoins de tous, par l'intérêt de quelques-uns, disparaîtrait. Il s'ensuivrait ou la famine, ou l'oppression des membres éminents de la communauté par ceux qui le sont moins. « Le propriétaire individu peut encore se montrer sensible à la pitié, à la honte ; le propriétaire collectif est sans entrailles, sans remords ; c'est un être fantastique, inflexible, dégagé de toute passion et de tout amour, qui agit dans le cercle de ses idées comme la meule, qui dans sa révolution écrase le grain. Ce n'est pas en devenant commune que la propriété peut devenir sociale ; on ne remédie pas à la rage en faisant mordre tout le monde [2]. » « La transformation totale du mode de posséder sera-t-elle la transformation

[1] A. Rondelet, *les Réunions publiques et les congrès d'ouvriers.*

[2] Proudhon, cité par le citoyen Finance aux congrès de Lyon et de Marseille.

des hommes? Cesseront-ils d'être égoïstes et paresseux? Quand le plus puissant stimulant du travail sera enlevé, travailleront-ils mieux? Au labeur seront-ils plus consciencieux? Au partage seront-ils plus équitables? Dans la jouissance seront-ils plus modérés? Dans la privation seront-ils plus résignés[1]?» Il est permis d'en douter. L'homme individu s'améliore indéfiniment. En est-il de même de l'humanité? Un réformateur a voulu organiser le collectivisme en Chine; il lui fallait dix mille fonctionnaires de tout ordre pour faire marcher trois mille sujets[2]. Un peu plus de trois fonctionnaires pour un citoyen! Voilà le *Prince Caniche* dépassé.

Histoire. — A l'origine, tant que la terre ne manque pas à l'homme, le propriétaire n'est pas l'individu, mais la famille. Plus tard, «quand les peuples parviennent à la plénitude de leur développement et de leur puissance, on ne trouve plus que de rares vestiges de *l'ancien mode de posséder;* la loi de l'appropriation et de l'exploitation particulière règne partout. Elle est, avec la loi de la liberté individuelle, le mode général de relations privées.

1 Abbé WINTÉRER, *le Socialisme contemporain,* ch. I.
2 A. RONDELET, même ouvrage que précédemment.

Par une même évolution, l'homme et la terre se dégagent des assujettissements auxquels ils étaient soumis, en raison de la puissance plus grande que prend l'initiative individuelle dans une société plus avancée[1] ». La propriété individuelle a été considérée par toutes les nations prospères, dans tous les temps, comme la sauvegarde de l'indépendance de la nation et comme la marque certaine du progrès. Elle est un signe de la solidarité de l'espèce humaine et forme « le lien naturel visible qui réunit les générations passées aux générations futures[2] ». Les écrivains qui préconisent le collectivisme, dit M. Le Play, se mettent en contradiction avec les faits que présentent les meilleures organisations de l'Europe.

Droit. — Tous les codes du monde reconnaissent la propriété privée, et on peut ajouter qu'elle est d'autant plus garantie que la nation est plus civilisée. Le droit naturel est ici d'accord avec le droit positif, et ce n'est que par des subtilités de langage que l'on a pu prétendre le contraire. Ainsi, le fameux paradoxe de Rousseau et le non moins

[1] C. PÉRIN, *Lois de la société chrétienne*, t. I, l. II, ch. VII, *passim*.
[2] *Id.*, *ibid.*

fameux aphorisme de Proudhon ne tiennent pas devant un examen sérieux. En réalité, personne n'a inventé[1] la propriété, et personne ne l'a volée[2]. Le droit de propriété s'est primitivement exercé par l'appropriation de terrains ou d'objets n'appartenant à personne. Ce droit, à ce moment incontestable, le fut encore bien plus dès que la terre eut reçu par le travail une sorte d'investiture, et eut acquis une plus-value favorable au bien-être général. C'est le travail qui en fin de compte a créé la propriété plus encore que le droit du premier occupant, droit cependant bien légitime. S'il y a eu des exceptions, elles sont là pour confirmer la règle.

Remarquons en passant que la loi de 1833 sur l'expropriation pour cause d'utilité publique porte atteinte à la propriété. On sait quel fâcheux abus on en a fait.

Loi divine. — Le Dieu de l'Éden avait dit à Adam : Remplis la terre et assujettis-la[3]. Sur le Sinaï il lui dit : Tu ne désireras pas la maison de ton prochain ni aucune de toutes les choses qui lui

[1] J. J. Rousseau, *Discours sur l'inégalité des conditions parmi les hommes*, seconde partie.

[2] Proudhon, *Qu'est-ce que la propriété?*

[3] *Genèse*, I, 28.

appartiennent[1]. Remarquons la différence de langage ; elle correspond à une différence dans les situations. Dans le premier cas, Dieu donne à l'homme innocent la propriété commune ; dans le second, Dieu consacre vis-à-vis de l'homme coupable la propriété privée. Le collectivisme a existé quand l'humanité était sans reproche ; le Paradis terrestre devait appartenir à tous les hommes. La propriété privée est une suite du péché originel ; elle est sortie de la malédiction.

Ne nous étonnons pas qu'une utopie détestable veuille nous ramener au collectivisme, puisque c'était l'état initial de l'humanité. Ceux qui ont perdu la foi conservent malgré eux le souvenir de leur primitive destinée. Ils oublient que l'homme a péché, mais ils ne peuvent oublier ses premières grandeurs. C'est là leur tourment, et ce sera leur condamnation. S'il en est temps encore, nous les croyants, instruisons nos frères égarés. Peut-être avec la mémoire retrouveront-ils la grâce, et alors ils comprendront que l'âge d'or sur la terre n'est pas au delà des temps, mais derrière les siècles.

Faut-il conclure de ce qui précède que la propriété privée est à jamais maudite, et que les riches seront pour toujours exclus du royaume des pro-

[1] *Exode*, XX, 17.

messes? Non; car, dans sa bonté, Dieu a mis le remède à côté du mal. C'est la charité. La charité établit entre le riche et le pauvre une véritable communauté qui agit par la liberté, et non par la loi comme celle que veulent les collectivistes. Sans cette communauté de la charité, comment justifier la propriété individuelle aux yeux de la raison pure? Sans elle, elle serait injuste. Par elle, nous portons le fardeau les uns des autres comme doivent le faire des fils d'un même père. Si les riches, ne voulant plus prendre leur part des misères de la terre, viennent à fermer la main aux malheureux, Dieu se souvient qu'il leur a ordonné de l'ouvrir libéralement. De récents événements n'ont que trop prouvé que toutes les propriétés sont à Dieu, et que, quand on l'oublie, il le rappelle.

Je crois avoir démontré l'inanité des raisonnements de la Révolution en ce qui concerne la propriété, et la folie de ses prétentions.

IV

TRAVAIL ET SALARIAT

La Révolution réclame la réorganisation du travail et la transformation du salariat. Pour qui sait comprendre, ces deux questions se résument dans la proposition suivante : ne rien faire et être payé pour cela. Voilà, en dernier ressort, l'idéal caressé par les ouvriers des congrès. L'organisation du travail qu'ils rêvent est celle qui leur permettra de se croiser les bras.

En attendant, pour occuper la galerie, ils demandent des réformes.

Voici les principales : 1° suppression du travail dans les couvents et les prisons ; 2° suppression du travail de nuit ; 3° reconnaissance officielle d'un jour de repos chaque semaine ; 4° limitation de la division du travail ; 5° fixation de la durée de la journée de travail.

Travail des couvents et des prisons. — Pourquoi s'acharner contre les couvents et les prisons ? Parce que, dit-on, ils font concurrence aux ouvriers libres. Cette raison n'est pas sérieuse. La première liberté de l'homme est celle du travail, puisque le travail est sa première obligation. Si on entrave la liberté d'une certaine catégorie de citoyens uniquement parce qu'ils savent rendre leur labeur plus productif que d'autres, on fait acte de despotisme. Il est vrai que c'est toujours comme cela que la Révolution comprend la liberté. Mais ne nous y trompons pas ; ce n'est pas la concurrence des couvents ou des prisons qui irrite les sectaires. Ce qu'ils ne pardonnent pas à ces établissements, c'est qu'on y travaille par devoir. Au fond de toutes leurs pensées, il y a toujours la haine du devoir accepté.

En refusant à l'État le droit de fermer les ateliers des couvents et des prisons, je ne songe pas à lui dénier celui de les surveiller. Tout art manuel doit être soumis à des règlements protecteurs du bon ordre, de l'hygiène, de la moralité. On m'accordera seulement qu'avant de s'occuper des couvents, on fera mieux de songer aux fabriques et aux manufactures.

Travail de nuit, jour de repos. — Quand les

socialistes demandent la suppression du travail de nuit, ils sont dans le vrai. Sauf dans quelques cas exceptionnels, la société gagnerait à cette suppression plus qu'elle n'y perdrait; mais ceci est l'affaire de mœurs à changer, et non de lois à faire.

S'il est naturel d'entendre formuler dans les congrès des résolutions sur le travail de nuit, il est en revanche singulier d'y voir réclamer de la loi un jour de repos hebdomadaire; on dirait qu'une pareille proposition a été faite par un sauvage qui n'a jamais entendu parler du dimanche. Après tout, il y a des sauvages en France, et on sait que l'abrogation de la loi de 1814[1] va sans doute être votée par la Chambre des députés.

Limitation de la division du travail. — Ici nous demanderons avec les socialistes, mais pas pour les mêmes motifs qu'eux, que la grande industrie s'arrête dans la voie où elle est entrée. S'il est puéril de méconnaître la fécondité du principe de la division du travail, il serait impardonnable de ne pas voir les dangers d'une division excessive. Il y a une relation nécessaire entre le produit et le producteur, et les nouveaux procédés en usage altèrent cette relation. Pour vendre à bon marché, on a

[1] Loi sur le travail du dimanche.

développé outre mesure *la spécialité*, et l'ouvrier n'est plus qu'une machine. A ce métier, son esprit s'étiole, son intelligence s'étouffe, et le travail, au lieu de lui être un effort salutaire, lui devient un fardeau inacceptable. De plus, le faible prix des objets fabriqués semble les mettre à la portée des plus petites bourses et développe ainsi dans les classes humbles des désirs et des besoins que jusqu'à notre époque elles n'avaient pas connus. Comment lutter si l'âme n'a plus de ressort et si la bête a envahi tout l'homme? Dans les conditions où elle est pratiquée par certaines industries, la division du travail est attentatoire à la vie morale. Il ne faudrait cependant jamais oublier que nous ne sommes pas ici-bas pour engraisser nos corps, mais pour sauver nos âmes.

Fixation de la durée de la journée de travail. — Cette question est des plus délicates. Elle touche au difficile problème de l'organisation du travail, et il la faut résoudre sans blesser la liberté, mais aussi sans porter atteinte à la justice. Je me contenterai de donner ici un modeste avis sur la question, renvoyant le lecteur désireux d'en savoir davantage, aux traités spéciaux, et en particulier aux beaux livres de M. Le Play. Je crois qu'il y aurait avantage à ce que la grande industrie limitât le nombre d'heures pendant lesquelles les usines et les fabriques de toute nature seraient ouvertes. L'Angleterre se trouve bien de cette manière d'agir. Quant au procédé à employer pour obtenir ce résultat, c'est l'affaire des gens compétents.

Salariat. — La Révolution veut briser « la loi d'airain du salaire[1] ». En attendant que ce beau jour soit arrivé, elle demande l'égalité de salaire et la fixation d'une valeur *minimum* de la journée de travail. Assurément, le salaire tel qu'il est organisé dans nos sociétés instables présente des inconvénients, mais il ne mérite pas tous les reproches dont on l'accable. Il ne faut pas le supprimer, mais le comprendre autrement. Dans la vieille France, il se composait de deux parties : l'une matérielle, l'argent de la journée ; l'autre morale, la solidarité entre patrons et ouvriers. Dans la France nouvelle, le salaire matériel est seul en usage ; c'est un malheur, mais est-ce une raison pour le *transformer* en s'emparant de la propriété d'autrui?

La soi-disant égalité des salaires ne saurait résister à un examen sérieux. Comment exiger raisonnablement la même rétribution pour un homme

[1] Programme du socialiste allemand Lasalle, prédécesseur de Marx. Il mourut tué en duel en 1864.

actif et pour un paresseux, pour un homme instruit et pour un ignorant? Les inégalités sont inhérentes à notre condition; nous vivons au milieu d'elles. Comme il est évident pour tout esprit sensé que nous ne pouvons les supprimer, le mieux est d'en prendre notre parti sans murmurer.

La fixation d'une valeur *minimum* pour le prix d'une journée de travail n'est pas non plus admissible. Une pareille mesure, décrétée par l'État, serait en opposition avec les faits reconnus vrais par les économistes sincères. Comme conséquence, elle amènerait la fixation arbitraire du cours de l'argent. Ce serait la banqueroute. L'équilibre entre le prix des objets nécessaires à la vie et le taux des salaires est un équilibre tout moral qu'*aucune loi humaine* ne saurait établir d'une façon stable. Si l'homme sait borner ses désirs, il ne tardera pas à y avoir rapport parfait entre le prix d'achat des principales denrées et ses gains de chaque jour. S'il veut satisfaire ses passions à tout prix, aucun salaire n'y suffira. L'homme le plus heureux n'est pas celui qui consomme le plus, mais celui qui est le plus maître de lui.

QUESTION MIXTE

PROBLÈMES ÉCONOMIQUES DIVERS

Rente, loyer, intérêt. — La Révolution affirme que la rente d'un capital et le loyer d'un immeuble sont illégitimes, puisqu'au bout d'un certain temps capital et immeuble ont été remboursés au propriétaire. Ce raisonnement est faux. En effet, tout propriétaire a le droit de jouir de ses biens. S'il aliène cette faculté, il est naturel qu'il demande en compensation un avantage pécuniaire. Ce sera la rente ou le loyer; voilà, sans parler de beaucoup d'autres, une justification suffisante de la rente et des loyers. On ne peut dire le contraire qu'en admettant comme un axiome que la propriété est le vol. Dans cette hypothèse, toute possession est injuste, et on en arrive à confondre l'existence humaine avec l'existence animale. Le seul mobile de l'une comme de l'autre devient la *lutte pour la vie.* Il s'est rencontré des écrivains pour élever cet impudent mensonge à la hauteur d'une vérité primordiale, et des histrions pour les applaudir. Pour montrer la fausseté de semblables accusations, il n'est pas besoin de raisonnements; il suffit de consulter la conscience.

Le raisons qui militent en faveur de la rente et du loyer peuvent également se donner en faveur de l'intérêt de l'argent. Est-il bien nécessaire d'ajouter que, dans un cas comme dans l'autre, il faut ne pas demander un taux usuraire? Tout honnête homme sait où commence l'usure.

Impôts. — Comment oser prétendre, comme le fait la Révolution, que les impôts sont iniques et supportés presque exclusivement par les prolétaires? En premier lieu, dans toute société, ne faut-il pas faire des routes, éclairer les rues et même avoir des gendarmes? Qui payera tout cela, si on supprime toute contribution? En second lieu, ce ne sont pas les ouvriers qui sont lourdement imposés, mais bien leurs passions. Il suffit, pour s'en convaincre, de se souvenir que la taxe sur le tabac rend au Trésor près de 300 millions, et celle sur les boissons près de 400 millions[1]. Cependant, aucune loi n'oblige à fumer ou à boire.

Les impôts ou plutôt certains impôts ont des torts plus réels que ceux que les prolétaires leur reprochent. Le plus grave, à mon avis, est de permettre aux États de remplir aisément leurs caisses en imposant les vices du peuple. De telles facilités ne rendent-elles pas les gouvernements imprévoyants et les citoyens immoraux? Quand un vice est d'un bon rapport et permet de faire face à un gros budget, il est bien à craindre qu'au lieu de l'entraver, on le favorise. L'expérience des cinquante dernières années est là pour nous montrer si de telles craintes sont fondées.

Ne nous dissimulons pas, du reste, que ce que demandent les hommes du parti avancé, ce n'est pas l'abolition de l'impôt; ce qu'ils veulent, c'est en être exemptés eux-mêmes, et que ce soient les riches seuls qui en aient toute la charge. Leur idéal est toujours la spoliation.

Emprunts. — Il y aurait beaucoup à dire et sur les emprunts publics et sur la manière de les émettre. Je ne veux point entrer dans une pareille discussion; je me contente de formuler un vœu :

[1] L'impôt sur les boissons a rendu en 1876 368 millions en

c'est que les principes de la morale *vulgaire* président toujours aux opérations de ce genre.

Travaux publics. — La saine économie politique recommande de favoriser avant tout l'industrie nationale. C'est ce que l'on oublie quelquefois. Tantôt on emploie des étrangers aux travaux publics au détriment des Français; tantôt on donne la préférence aux chantiers étrangers sur les nôtres. Les particuliers ont incontestablement le droit d'agir ainsi, quoique ce ne soit pas faire œuvre de patriotisme; mais en devrait-il être de même de l'État?

Monopoles. — Pour qu'un monopole soit juste, il faut qu'il s'établisse en vue d'un intérêt de premier ordre, et non pour l'avantage de quelques-uns. On voit combien il est difficile de créer équitablement un monopole.

Libre échange et protection. — Cette question capitale a été à peine effleurée par les congrès ouvriers. Bien qu'elle fût inscrite dans les programmes, la plupart des orateurs l'ont considérée

chiffres ronds. Pour les onze premiers mois de 1879, il a rendu 380 millions.

comme ne touchant en rien aux intérêts du prolétariat.

J'avoue mon étonnement de n'avoir pas vu les socialistes se prononcer pour le libre échange absolu. Ce régime commercial sert merveilleusement leur cause. Le libre échange, qui n'a *jamais* fait diminuer le prix des choses de première nécessité, atteint les sources mêmes de la richesse nationale en faisant péricliter l'agriculture. Il est en partie responsable de la crise des chômages, et, quand les bras restent inoccupés par les fabriques, ils sont disponibles pour l'émeute.

Crises industrielles : paupérisme et vagabondage. — La Révolution attribue toutes les plaies de l'humanité aux institutions qui nous régissent, et propose comme remède le socialisme. Le remède n'est pas là, mais dans le retour à la loi de Dieu. Il n'y a pas d'autre moyen pour atténuer les crises industrielles, diminuer la misère et arrêter le vagabondage. Nous ne sommes pas maîtres d'empêcher les maux de nous frapper ; la seule chose qui soit en notre pouvoir, c'est d'apprendre, par le christianisme, à en tirer profit. Sans les promesses divines, la souffrance serait incompréhensible, et les socialistes en attribueraient justement la cause aux institutions.

L'industrie comprise chrétiennement en est encore à ses débuts; mais ils sont admirables. Qu'est-il besoin de rappeler les noms des Lafarge, des Harmel, des Mame? tout le monde les connaît. Dans leurs usines chrétiennes, l'amour du gain n'empêche pas l'amour de Dieu et l'observation de sa loi. On n'y garde pas un contre-maître indigne parce qu'il est capable, et l'impiété n'est pas tolérée. Quand de pareils exemples seront suivis par tous ceux qui se disent chrétiens, quand l'intérêt passera après la conscience, alors les crises industrielles diminueront.

Nous venons d'indiquer les devoirs qui incombent aux patrons chrétiens. Il serait injuste de ne pas parler aussi de ceux des propriétaires ruraux, qui, il est vrai de le dire, les remplissent bien mal. L'*absentéisme* amène l'émigration des cultivateurs dans les villes, et c'est là encore une cause de crise.

Caisses de secours et de retraite. — La Révolution aime à établir un parallèle entre l'artisan et le fonctionnaire, comme si le premier, travaillant pour son compte, pouvait être comparé au second, travaillant pour l'État. Cette singulière prétention vient de ce que les ouvriers en sont arrivés à se persuader qu'ils sont les seuls éléments de vitalité et de prospérité de la nation. « Toute richesse, c'est-à-dire toute puissance, vient de nous », a dit un membre du congrès de Paris[1], et peut-être le croyait-il! En réalité, la puissance ne vient pas de la richesse seule, et la richesse ne vient pas de l'homme. De plus, les prolétaires ne sont pas plus la nation à eux seuls qu'un corps sans tête n'est un homme.

La conséquence de la comparaison citée plus haut, c'est que l'État devrait une retraite aux ouvriers malades ou vieux, comme il en donne une à ses serviteurs. Les chiffres nous diront, mieux que tout le reste, ce qu'il faut penser de telles folies. Pour donner 0 fr. 75 par jour et par tête aux malheureux soutenus aujourd'hui par la charité, il faudrait augmenter le budget de plus de 2 milliards.

Ce que l'État ne saurait faire, l'initiative privée le peut et le doit même jusqu'à un certain point. C'est ainsi que quelques compagnies, quelques industriels donnent des retraites à leurs employés. Malheureusement, cette manière d'agir n'est pas assez générale ni assez libéralement comprise.

Marine et colonies. — La marine a échappé aux

[1] Congrès de Paris, séance du 9 octobre.

anathèmes des ouvriers, et ils ont peu parlé des colonies. Il eût été intéressant cependant de connaître l'opinion des matelots de Marseille sur les causes de l'anéantissement de notre marine de commerce et aussi sur l'état languissant de notre colonisation. Imitons, sur ces graves questions, la réserve des délégués ouvriers.

QUESTIONS DE MOYENS

I

ASSOCIATION

L'association est chrétienne dans son origine et dans son but. A ce double titre, elle devrait déplaire à la Révolution, et, si elle la réclame par la voie de ses coryphées, c'est que, *in petto*, elle se propose d'en dénaturer l'esprit. Écoutons Proudhon : « L'association, dit-il, est un groupe limité dont on peut toujours dire que les membres, n'étant associés que pour eux-mêmes, sont associés contre tout le monde[1]. » « Plusieurs grands industriels ont favorisé la création de certaines associations ouvrières, dit un citoyen du congrès de Marseille;

[1] Congrès de Paris, séance du 8 octobre.

mais c'est rouerie de leur part, parce qu'ils savent que, quand l'ouvrier est ainsi lancé dans les associations, il perd la passion du *bien public* et devient égoïste[1]. » Nous voilà fixés sur ce que pensent les socialistes. Cependant, comme ils savent les ouvriers très-enclins aux associations coopératives, ils flattent ce penchant jusqu'à un certain point, mais en imposant un programme aux coopérateurs. Ils les engagent à s'unir dans le but de former des groupes de combat. « L'association coopérative est moins un principe démocratique utile qu'un moyen de lutte », dit un citoyen du congrès de Lyon[2].

Le principe de l'association est excellent, à condition qu'il soit dirigé vers le bien et non vers le mal. Sans elle, rien de durable ne peut se faire dans le monde. « L'association établit à la fois la liberté et la responsabilité en rendant solidaires les actes et les individus, sans néanmoins porter atteinte à l'autonomie de ces derniers. » Étant donné l'état des esprits en France, il est permis de se demander si la loi du 24 juillet 1867 a été un bien! Pour qu'une association rende des services, il lui faut non-seulement un capital matériel, mais encore un

[1] Congrès de Marseille, séance du 24 octobre.
[2] Congrès de Lyon, séances des 30-31 janvier.

capital moral. Celui-là manque dans les pays livrés à la Révolution. Nous sommes dans une période de transition, et ce qui serait bon en tout autre temps pourrait être dangereux maintenant !

Ici se place naturellement la question des corporations. Doit-on les ressusciter en les modernisant? doit-on les laisser dans leur tombeau? M. C. Périn, si compétent en matière de science sociale, est contre les corporations. M. Antonin Rondelet, dont la compétence est également considérable dans ces questions, pense que les corporations, sans être données comme des modèles à suivre, peuvent être utilement imitées en ce qu'elles avaient de plus vrai, c'est-à-dire dans leur organisation morale et religieuse [1]. Je ne me permettrai pas de prononcer entre ces deux éminents esprits [2].

[1] A. Rondelet, *Association catholique* du 15 mars 1876.

[2] Voir le remarquable travail de M. Léon Gautier sur les corporations.

II

CHAMBRES SYNDICALES ET CONSEILS DE PRUD'HOMMES

Les congrès ouvriers ont pris soin de nous avertir du véritable rôle que joueraient les chambres syndicales autorisées. Elles seraient des machines de guerre contre la société. Je demande, après cela, si le projet Lockroy sera un bien.

Pour que les chambres syndicales fussent vraiment utiles, il faudrait que la politique ne puisse pas les envahir. Dans ce cas, elles rendraient de réels services en devenant des intermédiaires entre le commerce et les ouvriers. Bien entendu, elles seront toujours composées de patrons et d'ouvriers, et non pas exclusivement de l'un ou de l'autre de ces éléments.

Malgré une active propagande, le mouvement syndical a été assez lent pendant ces dernières années. Aujourd'hui, le réveil semble se faire.

L'avenir dira si l'organisation des chambres syndicales peut compter parmi les bienfaits que nous a apportés l'année 1879.

Les conseils de prud'hommes se rattachent aux chambres syndicales par plus d'un lien. Ces tribunaux ont certainement beaucoup de bon, surtout en temps normal; mais, à une époque agitée, ils sont un danger. Le but de la Révolution est de terroriser le capital à l'aide des chambres syndicales et des conseils de prud'hommes érigés en tribunaux révolutionnaires.

III

CRÉATION DU QUATRIÈME ÉTAT

Un des mots d'ordre des meneurs du socialisme est la création en France d'un parti ouvrier. Ce projet, se produisant quatre-vingt-dix ans après la nuit du 4 août, aurait lieu d'étonner, si quelque chose pouvait encore étonner. Qui plus est, la formation de ce parti est impossible : comment tracer les limites d'une classe nouvelle dans la nation, alors qu'il ne s'y trouve plus de classes? Aussi le vrai but n'est pas tant de créer un parti ouvrier que de faire de l'agitation, d'effrayer les timides. En réalité, les coquins ne sont pas très-nombreux; ils doivent leurs succès inouïs à l'égoïsme et à l'effroi de leurs adversaires.

Pour préparer les voies au quatrième état, on recommande au peuple de ne voter désormais que pour des prolétaires. Si la consigne est suivie, nous assisterons à un singulier spectacle. La démagogie est par nature envieuse non-seulement des gens dont la situation sociale est au-dessus d'elle, mais aussi de ses propres enfants qui viennent à dépasser le niveau commun. On l'a bien vu dans les congrès. Dès qu'un orateur était plus applaudi qu'un autre, ses collègues, voyant en lui son concurrent possible, faisaient tous leurs efforts pour ruiner son crédit. Beaucoup des délégués considèrent la tribune des congrès ouvriers comme un marchepied à l'aide duquel ils espèrent arriver à la députation. Ils pensent que les électeurs leur tiendront compte de leurs mauvais sentiments. Arriver au Parlement est le but rêvé par les intrigants, qui pullulent sous le régime parlementaire tel qu'il est appliqué en France.

Une fois les travailleurs installés dans tous les postes électifs, le collectivisme triompherait légalement. C'est là qu'en fin de compte doit aboutir le suffrage universel. Les ouvriers auraient bien tort de ne pas essayer; il y a assez longtemps qu'on leur dit que l'autorité vient d'eux. Il est juste qu'ils ne veulent plus la déléguer, mais en jouir à leur tour.

Le complément indispensable d'un parti ouvrier est la création d'une presse ouvrière. Dans la pensée de ceux qui la préconisent, elle doit être l'organe de toutes les revendications. Une pareille presse jette sur la société des flots de pétrole; il suffira d'une étincelle pour l'enflammer. On sait ce que deviennent les édifices enduits de pétrole!

CONCLUSION

Depuis que le monde existe, c'est la première fois qu'il se produit au grand jour une doctrine dont le but avoué est la destruction universelle, le retour à un paganisme sans dieux. Cette doctrine, ombre de la civilisation moderne, a grandi avec le raffinement des sensations et l'abaissement des âmes; c'est elle que prêchent les congrès ouvriers. Comme théorie, elle proclame la réhabilitation de la chair; comme apôtres, elle a les déclassés et les possédés; comme armée, l'Internationale. Le dogme nouveau attaque Dieu, la famille, la propriété, parce qu'il sait que ce sont là les colonnes de l'édifice social. Il nie la faute originelle et calomnie le culte; il fait du mariage un contrat charnel et révocable, anéantit l'autorité du père de famille, empoisonne l'âme de l'enfant; il affirme effrontément que la propriété est le vol, et qu'il la faut restituer aux légitimes propriétaires en la rendant commune. Ces effroyables erreurs trouvent pour les soutenir des écrivains sans conscience, pour les propager, une presse vénale à laquelle on refuse la liberté, mais en lui accordant la licence. Elle en profite pour découvrir les ulcères les plus cachés, aux yeux des malheureux, et pour souffler dans leur cœur sans Dieu l'envie et la haine. Comme arguments, elle emploie ceux qu'elle tire des intérêts et des passions, et ces arguments-là sont bien puissants sur ceux qui ont faim. Je me hâte de le dire, si je n'obéissais pas aux lois divines, je serais socialiste; à mon tour, je voudrais jouir toujours davantage; mon égoïsme serait mon dieu, et mes besoins, ma religion. C'est la logique. Il n'y a pas de milieu entre le ciel et la terre, et chaque jour il devient plus évident que « la Révolution, commencée par la proclamation des droits de l'homme, ne pourra finir que par la proclamation des droits de Dieu ». Aussi la seule voix qui ait retenti dans le monde contre la Révolution est celle des vicaires du Christ. Ils parlent « au nom du Dieu vivant qui est le soutien de toute vérité et de qui toute autorité prend nom au ciel et sur la terre », et quand ils ont parlé, les hommes se recueillent.

Voyons les principaux remèdes proposés par les Papes pour « guérir les nations ». Remarquons, en passant, que les Souverains Pontifes sont d'accord, dans les remèdes qu'ils indiquent, avec la véritable science sociale basée sur l'observation, la seule qui doive être acceptée.

Dieu. — Reconnaître une religion d'État sans pour cela porter atteinte à la vraie liberté de conscience.

Ne proclamer aucune loi qui soit en désaccord avec les dogmes de l'Église chrétienne.

Toute législation, pour être légitime, doit s'appuyer sur une autorité supérieure. Quand on récuse celle de Dieu, on s'incline devant celle du peuple souverain. Entre les deux un homme de sens peut-il hésiter?

Famille. — Reconnaître que le mariage est un contrat que Dieu seul peut consacrer ou rompre. Cette reconnaissance n'empêche en rien l'enregistrement civil.

Relever l'autorité paternelle en proclamant la liberté testamentaire et en encourageant l'émigration aux colonies.

Donner au père la possibilité d'instruire convenablement son enfant et accepter, avec la grande majorité des hommes, que « l'éducation religieuse est seule capable de dompter le vice originel[1] ».

Propriété. — Considérer la propriété comme la récompense du travail et le travail comme un acte d'obéissance à la loi de Dieu et un moyen d'acquérir la vertu.

Rendre à la propriété son véritable caractère chrétien en *donnant largement* aux pauvres.

C'est aux « autorités sociales » de tous les rangs de la nation que revient l'honneur de sauver la France en la rendant de nouveau chrétienne. Cette tâche glorieuse pourra-t-elle être accomplie sous le régime du suffrage universel? Poser la question, c'est la résoudre. Non, ce n'est pas possible, car ce régime, c'est souvent le désordre matériel, c'est toujours le désordre moral. Faudrait-il donc désespérer de la terre de Tolbiac et de Domrémy, de Paray-le-Monial et de Patay? A Dieu ne plaise qu'un Français ne blasphème ainsi, car « le cœur de la France comme son âme aime le Christ ». A l'heure présente personne ne peut, humainement

[1] F. Le Play, *Réforme sociale.*

parlant, faire des conjectures sur l'avenir. Malgré cela, notre conviction est arrêtée. Nous pensons, avec beaucoup d'autres, que c'est pour le salut de la terre française que Dieu a conservé un Prince magnanime descendant de tant de rois illustres. Nul ne fut mieux préparé pour régner; il sait les hontes de ce temps, mais n'en méconnait pas les grandeurs. Il est l'espérance, car il est seul digne et seul il a osé et pu dire : « Il faut que Dieu règne en France en maître pour que j'y puisse régner en roi[1]. »

[1] Lettre de M. le comte de Chambord, du 20 novembre 1878.

PROGRAMME DE LA SOCIÉTÉ DE L'AVENIR

En terminant ce travail, il me paraît utile de signaler en quelques lignes les prétentions de la Révolution[1]. Certains esprits, plus perspicaces que le mien, pourront peut-être imaginer la société que préconisent les révolutionnaires; quant à moi, j'y renonce.

Abolition de Dieu;
Abolition de tout culte rendu à un Être suprême quelconque;
Abolition des inégalités sociales et en particulier de celles qui existent entre l'homme et la femme;
Abolition du mariage et des entraves sociales;
Abolition de l'instruction libre;

[1] Au dix-neuvième siècle, la Révolution prétend à la domination universelle sur notre planète. Les moyens varient suivant les lieux, mais partout le but poursuivi est le même. Communistes, socialistes, nihilistes ont la même doctrine. Tous haïssent Dieu et obéissent à l'Enfer.

Abolition de l'autorité paternelle;
Abolition de la propriété individuelle;
Abolition de l'État;
Abolition de l'impôt;
Abolition de l'intérêt de l'argent;
Abolition de la force publique;
Abolition des prisons.

APPENDICES

PIÈCES JUSTIFICATIVES

APPENDICES

Sommaire. — Droits de l'homme. — Programme de Belleville. — Résolutions du troisième Congrès ouvrier de France. — Décalogue éternel: — Encyclique du 8 décembre 1864. — Statuts d'une ancienne corporation.

En reproduisant ici la Déclaration des droits de l'homme, le Programme de Belleville, et les Résolutions du troisième Congrès ouvrier, ma pensée est de montrer le rapide chemin fait, en France, par l'idée révolutionnaire. Les conclusions votées le 31 octobre 1879 ne sont que les conséquences des principes posés le 3 septembre 1791 et le 25 avril 1869. *Si les libérâtres* ne savent pas être logiques, on ne peut pas faire ce reproche aux sectaires. C'est un grand malheur pour une nation d'avoir une constitution où l'erreur tient lieu de dogme !

Aux documents précédents, j'en ai opposé deux autres, qui en sont le contre-pied. Le premier est vieux comme le monde; l'autre, conséquence du premier, vivra autant que le monde. L'Église et la Révolution sont toutes les deux logiques, l'une dans le bien, l'autre dans le mal.

Pour faire connaître l'esprit de la classe ouvrière avant 1776 et 1791, j'ai ajouté à mon travail les statuts d'une corporation sous l'ancien régime. Je n'ai pas eu en vue de donner un modèle à suivre, mais simplement une pièce curieuse à plus d'un titre.

DÉCLARATION DES DROITS DE L'HOMME ET DU CITOYEN[1]

Les représentants du peuple français, constitués en Assemblée nationale, considérant que *l'ignorance, l'oubli ou le mépris des droits de l'homme* sont la SEULE cause des malheurs publics et de la corruption des gouvernements, ont résolu d'exposer, dans une déclaration solennelle, les droits inaliénables, naturels et sacrés de l'homme. ...

Art. 1er. — Les hommes naissent et meurent libres *et égaux en droits*. Les distinctions sociales ne peuvent être fondées que sur l'utilité commune.

Art. 2. — *Le but de toute association politique est la conservation des droits naturels et imprescriptibles de l'homme.* Ces droits sont : la liberté, la propriété, la sûreté et *la résistance à l'oppression.*

Art. 3. — LE PRINCIPE DE TOUTE SOUVERAINETÉ RÉSIDE ESSENTIELLEMENT DANS LA NATION : NUL CORPS, NUL INDIVIDU, NE PEUT EXERCER D'AUTORITÉ QUI N'EN ÉMANE EXPRESSÉMENT.

Art. 4. — La liberté consiste à pouvoir faire tout ce qui ne nuit pas à autrui : ainsi, l'exercice des droits naturels de chaque homme n'a de bornes que celles qui assurent aux autres membres de la société la jouis-

[1] Extrait du *Recueil général des lois*, etc., par O. Barrot, Vatimesnil, Ymbert, tome II.

sance de ces mêmes droits. Ces bornes ne peuvent être déterminées que par la loi.

Art. 5. — La loi n'a le droit que de défendre les actions nuisibles à la société. Tout ce qui n'est pas défendu par la loi ne peut être empêché, et nul ne peut être contraint de faire ce qu'elle n'ordonne pas.

Art. 6. — La loi est l'expression de la volonté générale. *Tous les citoyens ont le droit de concourir personnellement*, ou par leurs représentants, à sa formation. Elle doit être la même pour tous, soit qu'elle protége, soit qu'elle punisse. Tous les citoyens, étant égaux à ses yeux, sont *également admissibles à toutes dignités, places et emplois publics*, selon leur capacité et sans autre distinction que celle de leurs vertus et de leurs talents.

Art. 7. — Nul homme ne peut être arrêté, accusé, ni détenu que dans les cas déterminés par la loi, et selon les formes qu'elle a prescrites. Ceux qui sollicitent, expédient, exécutent ou font exécuter des ordres arbitraires, doivent être punis; mais tout citoyen appelé ou saisi en vertu de la loi doit obéir à l'instant; il se rend coupable par la résistance.

Art. 8. — La loi ne doit établir que des peines strictement et évidemment nécessaires, et nul ne peut être puni qu'en vertu d'une loi établie et promulguée antérieurement au délit, et légalement appliquée.

Art. 9. — Tout homme étant présumé innocent jusqu'à ce qu'il ait été déclaré coupable, s'il est jugé indispensable de l'arrêter, toute rigueur qui ne serait pas nécessaire pour s'assurer de sa personne doit être sévèrement réprimée par la loi.

Art. 10. — *Nul ne doit être inquiété pour ses opinions*,

même religieuses, pourvu que leur manifestation ne trouble pas l'ordre public établi par la loi.

Art. 11. — La libre communication des pensées et des opinions est un des droits les plus précieux de l'homme. Tout citoyen peut donc *écrire, parler, imprimer librement,* sauf à répondre de l'abus de cette liberté dans les cas déterminés par la loi.

Art. 12. — La garantie des droits de l'homme et du citoyen nécessite une force publique; cette force est donc instituée pour l'avantage de tous, et non pour l'utilité particulière de ceux auxquels elle est confiée.

Art. 13. — Pour l'entretien de la force publique et pour les dépenses d'administration, une *contribution commune* est indispensable; elle doit être répartie entre tous les citoyens, *en raison de leurs facultés.*

Art. 14. — Tous les citoyens ont le droit de constater, par *eux-mêmes* ou par leurs représentants, la nécessité de la contribution publique, de la consentir librement, d'en suivre l'emploi et d'en déterminer la quotité, l'assiette, le recouvrement et la durée.

Art. 15. — La société a le droit de demander compte à *tout agent public de son administration.*

Art. 16. — Toute société dans laquelle la garantie des droits n'est pas assurée, ni la séparation des pouvoirs déterminée, *n'a point de constitution.*

Art. 17. — *La propriété étant un droit inviolable et sacré,* nul ne peut en être privé, si ce n'est lorsque la nécessité publique, légalement constatée, l'exige évidemment, et sous la condition d'une juste et préalable indemnité.

(*Séance de l'Assemblée constituante du 3 septembre* 1791.

PROGRAMME DE BELLEVILLE

Les divers documents connus sous le nom de Programme de Belleville sont curieux à relire en 1879. Ils permettront de comparer ce que M. Gambetta a promis au peuple pour arriver, et ce qu'il lui a donné une fois qu'il a été au pouvoir. Puisse cette comparaison faire comprendre aux crédules ce qu'il faut penser des ambitieux et des intrigants !

Le Programme de Belleville n'a pas été tracé dans un discours. Il se compose de lettres et d'affiches placardées sur les murs de la première circonscription de la Seine à l'occasion des élections générales de 1869.

Lettre de M. Gambetta aux électeurs, en 1869.

« Citoyens,

« Il y a cinq mois, un grand nombre de vos concitoyens vinrent m'offrir la candidature; j'hésitai à accepter; je demandai à réfléchir; je voulais savoir avant tout si la proposition qui m'était faite sortait d'une manifestation de l'opinion ou du caprice d'une minorité.

« Ces réserves et ces scrupules m'étaient commandés par la présence, sur le même terrain électoral, du citoyen Carnot, dont personne plus que moi n'honore la vie et ne respecte le caractère.

« Après une consciencieuse enquête et de nombreuses réunions, je me décidai, et, assuré d'obéir au vœu légitime de la majorité, j'acceptai définitivement il y a environ un mois. *J'ai cru la volonté du peuple au-dessus de mes sentiments personnels.*

« Cette acceptation est un parti arrêté, sur lequel nulle pression ne me fera revenir, et vous pourrez tenir les bruits contraires comme dénués de fondement.

« Cette acceptation, je la confirme publiquement.

« Aujourd'hui, je ne vous ferai ni programme ni profession de foi. Les comités de votre circonscription doivent m'adresser leur programme, et je dois y répondre. Nous contracterons ainsi publiquement, sous l'œil de tous. Je veux cependant signaler le principe directeur de mes opinions et de mes actes politiques.

« Ce principe, c'est la souveraineté du peuple, organisée d'une manière intégrale et complète. Il faut tout lui rapporter, et il en faut tout déduire : les institutions, la loi, les intérêts, et les mœurs mêmes. *Scientifiquement* appliqué, ce principe seul peut achever la Révolution française et fonder pour toujours l'ordre réel, *la justice absolue*, la liberté plénière et l'égalité véritable.

« Démocrate radical, dévoué avec passion aux principes de liberté et de fraternité, j'aurai pour méthode politique, dans toutes les discussions, de relever et d'établir, en face de la démocratie césarienne, la doctrine, les droits, les griefs, et aussi les incompatibilités de la démocratie légale.

« Pour mener à bien une telle entreprise, j'ai besoin de tenir de vos libres volontés une commission *nette et précise*. Je l'ai dit à vos délégués.

« Je ne comprends, je ne sollicite, je n'accepte d'autre mandat, que le mandat d'une opposition irréconciliable.

« Léon GAMBETTA,

« Candidat de l'opposition démocratique radicale dans la première circonscription de la Seine. »

Cahier de l'électeur de Belleville.

« Citoyens,

« Au nom du suffrage universel, base de toute organisation politique et sociale, donnons mandat à notre député d'affirmer les principes de la *Démocratie radicale* et de revendiquer énergiquement l'application *la plus radicale* du *suffrage universel*, tant pour l'élection des maires et conseillers municipaux, sans distinction de localité, que pour l'élection des députés.

« Demandons : La répartition des circonscriptions effectuée sur le nombre réel des électeurs de droit, et non sur le nombre des électeurs inscrits.

« La liberté individuelle désormais placée sous l'égide des lois, et non soumise au bon plaisir et à l'arbitraire administratif.

« L'abrogation de la loi de sûreté générale.

« La suppression de l'article 75 de la Constitution de l'an VIII, et la responsabilité directe de tous les fonctionnaires.

« Les délits politiques de *tout ordre* déférés au jury.

« La liberté de la presse, *dans toute sa plénitude*, débarrassée du timbre et du cautionnement.

« La suppression des brevets d'imprimerie et de librairie.

« La liberté de réunion sans entrave et sans piége, avec la faculté de discuter toute matière *religieuse, philosophique, politique et sociale.*

« L'abrogation de l'article 291 du Code pénal.

« La liberté d'association pleine et entière.

« La suppression du budget des cultes et la séparation *des* Églises et de l'État.

« L'instruction primaire *laïque*, gratuite et obligatoire, avec concours entre les intelligences d'élite pour l'admission aux cours supérieurs, également gratuits.

« La suppression des octrois.

« La suppression des gros traitements et des cumuls.

« La modification de notre système d'impôt.

« *La nomination de tous nos fonctionnaires publics à l'élection.*

« *La suppression des armées permanentes*, causes de ruines pour les finances et les affaires de la nation, source de haines entre les peuples et de défiance à l'intérieur.

« L'abolition des priviléges et monopoles, que nous définirons par ces mots : *Prime à l'oisiveté.*

« *Les réformes économiques qui touchent au problème social*, dont la solution, quoique subordonnée à la transformation politique, doit être constamment étudiée et recherchée au nom du principe *de justice et d'égalité sociale*. Ce principe, généralisé et appliqué, peut seul, en effet, faire disparaître l'antagonisme social et réaliser complétement *notre formule :* LIBERTÉ, ÉGALITÉ, FRATERNITÉ. »

Acceptation de M. Gambetta. — Son serment de fidélité.

« Citoyens électeurs,

« Ce mandat, je l'accepte.

« *A ces conditions,* je serai particulièrement fier de vous représenter, parce que cette élection sera faite conformément aux véritables principes du suffrage universel.

« Les électeurs auront librement choisi leur candidat.

« Les électeurs auront déterminé le programme politique de leur mandataire.

« Cette méthode me paraît à la fois conforme au droit et à la tradition des premiers jours de la Révolution française.

« Donc, *j'adhère librement,* à mon tour, à la déclaration de principes et à la revendication des droits dont vous me donnez commission de poursuivre la réclamation à la tribune.

« Comme vous, je pense qu'il n'y a d'autre souverain que le peuple, et que le suffrage universel, instrument de cette souveraineté, n'a de valeur, n'oblige et ne fonde, qu'à la condition d'être radicalement libre.

« La plus urgente des réformes doit donc être de l'affranchir de toute tutelle, de toute entrave, et de toute pression.

« Comme vous, je pense que le suffrage universel, une fois maître, suffirait à opérer *toutes les destructions que réclame* votre programme, et à fonder toutes les libertés, toutes les institutions, dont nous poursuivons ensemble l'avénement.

« Comme vous, je pense qu'une démocratie régulière et légale est, par excellence, le système politique qui réalise le plus promptement et le plus sûrement l'émancipation morale et matérielle du plus grand nombre, et amènera le mieux *l'égalité sociale* dans la loi, dans *les faits* et dans les mœurs.

« Et, comme vous aussi, j'estime que la sûre progression de ces réformes sociales dépend absolument du régime et de la réforme politique, et c'est pour moi un axiome en ces matières, *que la forme emporte et résoud le fond.*

« C'est d'ailleurs cet acheminement et cette gradation que nos pères avaient marqués et fixés dans la profonde et complète devise hors de laquelle il n'y a point de salut : LIBERTÉ, ÉGALITÉ, FRATERNITÉ.

« Nous voilà donc réciproquement d'accord; notre contrat est complet; je suis à la fois votre mandataire et votre dépositaire.

« *Je fais plus que consentir*. Voici mon serment : JE JURE OBÉISSANCE AU PRÉSENT CONTRAT, ET FIDÉLITÉ AU PEUPLE SOUVERAIN.

« Léon GAMBETTA,

« Candidat radical. »

RÉSOLUTIONS
DU TROISIÈME CONGRÈS OUVRIER DE FRANCE

Ce qui suit a été copié au *Bulletin officiel* du congrès de Marseille. Les modifications faites au texte, du reste peu nombreuses, sont indiquées dans des notes.

Est-il utile d'ajouter que toutes ces résolutions ont été adoptées à la majorité des voix?

Première question : LA FEMME.

« Citoyennes, citoyens,

« La commission préparatoire au Congrès ouvrier de Marseille, en inscrivant en tête de son programme la question de la femme ; l'assemblée générale, en accueillant avec faveur les travaux tendant à l'émancipation de la femme; enfin, la commission nommée spécialement pour examiner cette question, en me [1] chargeant de faire ce rapport et de présenter des conclusions, ont clairement manifesté leur opinion. Le congrès proclame

[1] Le rapporteur de cette commission était la citoyenne Hubertine Auclerc.

l'égalité absolue des deux sexes : c'est une évolution importante vers un *avenir de justice et d'harmonie*. Jusqu'ici on avait fait de la femme une esclave, *une humiliée*, une martyre, en tant qu'individu, une non-valeur au point de vue social. Ces grandes assises du travail, en proclamant l'égalité de l'homme et de la femme, empêcheront la France de rester en arrière des nations voisines dans une question d'affranchissement; car, il faut le dire, partout le sort de la femme s'améliore, partout sa situation tend à changer.

« En Allemagne, l'instruction solide qui facilite aux femmes l'étude des hautes sciences, leur ouvre avec avantage deux carrières : la médecine et le professorat. En Angleterre, depuis dix ans, les femmes votent aux élections municipales et siégent aux comités scolaires; elles sont à la veille d'obtenir le droit de suffrage pour les élections législatives. *En Russie, les femmes instruites jouent le rôle le plus actif* dans le grand mouvement socialiste qui s'accomplit. Enfin, en Amérique, pays de liberté, les femmes exercent toutes les professions. Elles dirigent les écoles secondaires, les lycées de jeunes gens; elles sont médecins, avocats, banquiers, juges de paix. Dans plusieurs États, les femmes sont électeurs et éligibles, et il est même question, en ce moment, de porter comme candidat à la Présidence des États-Unis une femme, miss Wordhull. *La France, ce pays des préjugés*, continue à garrotter les femmes avec une double chaîne de mœurs, de lois et d'usages. Elle fait cela galamment; on couvre de fleurs les victimes, comme dans les sacrifices antiques; on chante la grâce, la beauté, la bonté de la femme; on lui accorde un royaume d'amour dans un empyrée imaginaire. Cette flatterie est le fil d'or qui enguirlande la chaîne de servitude. Moins d'apothéoses, plus de droits : voilà ce que nous voulons.

« Cependant, depuis quelques années, une grande impulsion est donnée au mouvement des femmes en France ; le vent de la rébellion semble guetter l'heure propice pour souffler, du Nord au Midi, et mettre debout, pour la lutte, toute cette classe de parias, les femmes. Ici, *c'est une individualité féminine qui se lève pour revendiquer ses droits;* là, des groupes qui se forment pour faire de l'agitation autour de la question ; ailleurs, enfin, *des sociétés bien constituées* qui agissent. Les bourgeois rient de ces tentatives d'émancipation féminine. Ces réfractaires à toute idée de progrès qui n'a pas exclusivement pour but de leur être utile, dénient à l'esclave le droit de se relever. Les travailleurs, eux, ont tendu la main à la femme ; avec *l'absolutisme dans la justice* qui les caractérise, ils ont déclaré dans ce congrès, et ce sera leur titre de gloire aux yeux de la postérité, ils ont déclaré qu'il n'y avait pas d'*êtres originairement inférieurs* dans l'humanité. Les travailleurs ont compris que conserver la femme esclave, c'est un crime autant qu'un danger ; ils ont compris que les femmes, *naturellement humaines,* se mettraient du côté des réformateurs les plus hardis, et qu'ainsi les efforts des prolétaires et ceux des femmes convergeant au même but, *l'application intégrale de la justice* permettrait PEUT-ÊTRE à la révolution nécessaire d'être pacifique. »

Conclusions.

« Le Congrès ouvrier socialiste de Marseille, considérant tout l'avantage qu'il y a pour le prolétariat à se ménager le concours des femmes, dans sa *lutte contre les privilégiés*, émet le vœu :

« Que l'éducation civique des femmes soit l'objet d'une attention toute particulière. Les hommes les admettront dans leurs réunions, cercles d'étude, comités socialistes électoraux, où elles auront voix délibérative.

« Le Congrès, considérant que l'homme et la femme sont *équivalents* devant la nature; considérant qu'ils sont aussi indispensables l'un que l'autre à la perpétuation de la société, déclare :

« Qu'ils doivent régir ensemble cette société qu'ils forment, et partager l'exercice des mêmes droits, tant dans la vie publique que dans la vie privée.

« Le Congrès, partant de ce principe, l'égalité absolue des deux sexes, reconnaît aux femmes les mêmes droits sociaux et politiques qu'aux hommes. Qui dit droit, dit responsabilité. Donc, la femme doit travailler, n'étant pas moins *tenue de produire que l'homme, vu qu'elle consomme.*

« Le Congrès émet le vœu :

« Qu'il y ait pour les deux sexes même facilité de production et application rigoureuse de cette formule économique : à production égale, salaire égal.

« En ce qui concerne le travail des femmes dans les usines, fabriques, ateliers, le Congrès, ne devant porter atteinte à aucune liberté, ne peut qu'émettre le vœu :

« Que le système établi dans les usines, ateliers, fabriques, tant pour le travail des hommes que pour celui des femmes, soit remplacé par d'autres systèmes préconisés par l'hygiène.

« En outre, le Congrès émet le vœu, et cela dans l'intérêt de tous :

« Qu'une division équitable se fasse dans l'ordre du travail; qu'aux êtres faibles, hommes ou femmes, soient dévolus des travaux qui réclament de l'adresse; aux êtres forts, les travaux qui exigent la dépense d'une grande force musculaire.

« Quant au travail dans les *prisons et les couvents*, vouloir émettre un vœu tendant à le supprimer serait chose puérile; ce n'est pas *l'effet*, c'est la *cause* du mal qu'il faut *détruire*. Le Congrès, considérant que les *couvents* ne sont qu'un refuge offert à la paresse et à la *démoralisation*, conclut à leur suppression.

« Le Congrès, considérant que les individus dangereux, contre lesquels la société se garantit en les emprisonnant, *sont des malades* qu'il faut traiter et guérir, conclut à la *suppression des prisons*, cet instrument de répression honteux, à une époque où l'on comprend qu'il faut moraliser et non punir.

« Le Congrès, considérant que les *préjugés qui, sous le nom de convenances*, restreignent la liberté de la femme, sont préjudiciables à son émancipation, décide :

« Qu'en toutes circonstances, les femmes auront, comme les hommes, leur liberté d'action. Cette liberté, entraînant chez elles le sentiment de la responsabilité, sera une garantie de dignité et de moralité.

« Le Congrès, considérant qu'un rôle, pour être bien rempli, doit relever du choix de l'individu qui le remplit, n'assigne aucun rôle particulier à la femme; elle prendra dans la société le rôle et la place que sa *vocation* lui assignera.

« Maintenant la reconnaissance des droits ayant pour corollaire l'acquittement des devoirs, le Congrès émet le vœu :

« Que les devoirs inhérents à la maternité soient remplis par la mère seule. L'allaitement maternel est de rigueur, à moins que, par exception, l'allaitement de la mère ne soit un danger pour la santé de l'enfant.

« Voilà, citoyennes et citoyens, les conclusions que je suis chargée, par la commission, de soumettre à votre appréciation. En les adoptant, vous n'aurez *jamais travaillé plus efficacement à la révolution,* car vous faites entrer sur la scène du monde neuf millions d'esclaves pour leur dire : Vous êtes libres! »

Deuxième question : l'Enfant.

« Citoyennes, citoyens,

« La commission des résolutions sur l'instruction, l'enseignement professionnel et l'apprentissage, vient soumettre à votre juste appréciation les résolutions qu'elle a cru devoir prendre sur cette grave question.

« Après avoir entendu les divers orateurs qui ont pris la parole sur cette question et s'être inspirée de leurs conclusions, votre commission vous présente ses décisions, croyant toutefois devoir les faire précéder des considérations suivantes :

« Considérant :

« Que l'enseignement religieux dans les écoles *fait perdre un temps précieux* à la jeunesse, enseigne aux enfants *des choses ridicules, pervertit leur conscience*, et ne leur enseigne aucune des choses qu'ils devraient savoir, c'est-à-dire comment on devient, en travaillant, des citoyens utiles à son pays ;

« Qu'une instruction vraiment forte et nationale facilite toutes *les expériences* que suggère l'étude patiente et attentive des phénomènes sociaux ;

« Considérant, en outre :

« Qu'aucune garantie n'est donnée aux parents relativement à l'apprentissage de leurs enfants, qui trop souvent *ne deviennent que des spécialistes*, ce qui leur sert parfois à mourir de faim :

« Le Congrès croit qu'il est nécessaire de proposer de larges réformes dans l'enseignement, afin que l'instruction à tous les degrés soit accessible aux enfants du peuple, et *que tous soient mis en possession des mêmes moyens*, donnant le même avantage que procure la libre concurrence des forces intellectuelles.

« Dans un pays de suffrage universel, il est indispensable que l'étude des éléments de la législation et de l'économie politique soit obligatoire dans l'école populaire. Les citoyens, qui sont en même temps des électeurs, doivent connaître *les principes supérieurs de la politique*.

« La commission soumet au Congrès les déclarations suivantes :

« I. — Instruction civile, gratuite et obligatoire. L'instruction secondaire et supérieure accessible aux enfants du peuple, c'est-à-dire gratuite après concours.

« II. — Gratuité absolue des fournitures scolaires pendant tout le temps que les enfants passeront à l'école, c'est-à-dire *que le tout soit à la charge de la société*.

« III. — *Interdiction absolue* de tout enseignement religieux dans les écoles, afin de laisser au père de famille toute liberté d'action pour l'éducation religieuse de ses enfants.

« IV. — École d'apprentissage dans toutes les villes de trois mille âmes et au-dessus.

« V. — Intervention légale des chambres syndicales dans la surveillance des contrats d'apprentissage.

« VI. — Certificats d'apprentissage délivrés par les écoles professionnelles. Les chambres syndicales devront être la garantie des capacités professionnelles.

« VII. — Instruction professionnelle à la ville, agricole à la campagne, afin de mettre l'instruction des enfants en rapport avec leur naturel et leurs aptitudes professionnelles.

« Voilà, citoyennes et citoyens, les résolutions prises par votre commission. Elle s'est, avant tout, inspiré des moyens pratiques d'arriver à l'amélioration du sort de la génération ouvrière future.

« La commission invite chaque délégué, à son retour dans sa région, à soumettre à ses mandants les résolutions qui précèdent, et leur application par tous les moyens possibles, afin qu'au prochain congrès il soit tenu compte des résultats obtenus par leur application. »

Troisième question : LA PROPRIÉTÉ.

« Citoyennes, citoyens,

« La question si importante de la propriété, que nous avons mandat de *traiter et de résoudre*, est sans contredit la question *capitale*.

« Elle a passionné et passionnera encore les savants et les penseurs les plus éminents; en un mot, non-seulement tous ceux qui s'occupent des sciences sociales, mais encore ceux qui mettent au-dessus de tout *la justice et le droit*. La question de la propriété, qui est la base fondamentale de la société, ne peut et ne doit être envisagée que sous le couvert de ces deux mots : droit et justice.

« *La propriété est, à notre avis, la seule question sociale.*

« Tout ce qui est en dehors des moyens pour y arriver est un palliatif.

« Nous ne voulons pas, citoyennes et citoyens, nous étendre davantage sur cette question, qui d'ailleurs a été *scientifiquement démontrée* par les divers orateurs qui l'ont traitée à cette tribune. La commission nommée par vous, s'inspirant de ce qui a été dit par chacun d'eux, vous soumet les résolutions suivantes, précédées des considérations qui les ont fait adopter.

« Considérant :

« Que le système individuel, qui régit actuellement la propriété, est contraire aux droits égalitaires, qui doivent être l'expression de la société future;

« Qu'il est injuste et inhumain, alors que les uns produisent tout, les autres rien, que ce soit également ces derniers qui possèdent toutes les *richesses*, toutes les *jouissances*, ainsi que tous les *privilèges*;

« Que cet état de choses ne cessera point par la bonne volonté de ceux qui ont tout intérêt à le faire exister, et ceci pour les raisons énoncées plus haut,

« Votre commission vous propose :

« D'adopter comme but la collectivité du sol, sous-sol, instruments de travail, matières premières, *donnés à tous et rendus inaliénables par la société, à qui ils doivent retourner*.

« Comme moyen, nous proposons la formation d'un *parti ouvrier*[1], dont l'organisation doit se faire par la fédération des Chambres syndicales, des groupes d'études sociales, des sociétés de consommation et de production, et à la condition que les ouvriers seuls composent toutes ces réunions.

« Voilà, citoyennes et citoyens, quelles sont les résolutions que nous vous proposons d'adopter. Elles sont conformes *au droit, à la liberté et à la justice*. De même qu'il a appartenu à la Convention nationale de décréter solennellement les *Droits de l'Homme*, il appartient au troisième Congrès de France de décréter, non moins solennellement, les *Droits de l'Ouvrier*. »

[1] Voir plus loin la huitième question, et aux pièces justificatives le document G.

Quatrième question : TRAVAIL ET SALARIAT.

« Citoyennes, citoyens,

« Votre commission, après avoir pris connaissance des différents rapports sur la question du travail et celle du salariat, vous propose les conclusions suivantes :

« Considérant :

« Que si la centralisation était nécessaire pour pouvoir utiliser, autant que possible, le progrès fait par l'industrie, progrès qui consiste surtout dans l'emploi de la machine et la division du travail, il s'ensuit :

« Que les travailleurs d'une profession devront être organisés corporativement ou par groupes. Ils recevront de la collectivité les instruments de travail, et se partageront, après exécution, suivant le produit de chacun, le prix intégral de leur travail, après toutefois un prélèvement qui doit servir à l'entretien du capital collectif, à l'éducation des enfants, et à assurer une retraite aux invalides du travail.

« L'échange des produits se fera soit par monnaie, soit par papier. Liberté pleine et entière sera laissée aux travailleurs d'employer les produits de leur travail comme ils l'entendront, toutefois de *manière à ce que cela ne nuise pas à l'intérêt général.*

« Le résultat de cette organisation du travail sera : l'obligation, pour tout être humain, de produire; la meilleure répartition des produits, et par suite *la richesse et le bonheur pour tous.*

« Votre commission, considérant :

« Que si le salariat est un progrès sur l'esclavage et le servage, c'est surtout un progrès pour les classes riches (dont les capitaux sont devenus beaucoup plus productifs sous l'action du travail libre), car *elles se trouvent déchargées, vis-à-vis des travailleurs, des devoirs que leur imposaient leurs intérêts*, qui étaient d'avoir des ouvriers forts et robustes, et pour cela se trouvaient dans la nécessité de les *nourrir* convenablement et de les *protéger* contre les accidents ou maladies;

« Qu'il n'existe aucune proportion entre la rémunération du travail et le produit de ce travail;

« Que la production de l'ouvrier peut être centuplée par des découvertes nouvelles, telles que machines, qui, par leur application, augmentent de beaucoup la production, sans que pour cela la situation du travailleur en soit améliorée;

« Que le salaire de l'ouvrier n'est pas le prix de ses produits, mais un salaire qui lui permet de vivre et de reproduire;

« Que ce salaire baissera au-dessous de cette somme nécessaire, si l'ouvrier trouve un moyen de vivre en dehors de son travail, ou si l'abondance des bras fait que, sans nuire à l'intérêt des capitalistes, la population puisse décroître, par la misère, jusqu'au chiffre indispensable à l'industrie,

« Par ces raisons, il ne saurait être apporté une amélioration sérieuse à la situation des prolétaires, *sans une transformation complète de la société*, c'est-à-dire par la suppression du salariat lui-même.

« Attendu que le salariat est le résultat de la division

de la société en deux classes, dont l'une possédant tout et ne travaillant pas, l'autre travaillant et ne possédant pas ;

« Attendu que le salariat ne saurait être aboli et faire place à la rémunération du travail par l'intégralité de son produit, que si tous les travailleurs possèdent tous les capitaux qu'ils mettent en valeur ;

« Attendu que cette possession, par les travailleurs, des capitaux ne saurait être constante et universelle qu'autant que, cessant d'être individuelle, elle devienne collective, impersonnelle et inaliénable,

« Le Congrès décide :

« *Que le but du travailleur doit être la nationalisation des capitaux*, mines, chemins de fer, etc., mis directement ensuite entre les mains de ceux qui les font produire, c'est-à-dire des travailleurs eux-mêmes. »

Cinquième question : Problèmes économiques divers.

« Citoyennes, citoyens,

« Sur les questions de la rente, de l'impôt, du libre échange ou de la protection, etc., votre commission a l'honneur de vous proposer les résolutions suivantes :

« Considérant que l'impôt, la rente, et tout les monopoles, sont une véritable exploitation, dont le prolétariat est la première victime, vous déciderez :

« 1° L'abolition de la rente ;

« 2° *L'abolition de tout impôt.*

« Considérant que dans la société actuelle, le libre échange et la protection ne sont d'aucun avantage pour les prolétaires,

« Le Congrès ne les prend pas en considération, et passe à l'ordre du jour.

« Considérant que la grève n'est qu'un palliatif, mais n'ayant que cette seule arme pour résister aux exigences du capital, nous proposons aux travailleurs :

« De se soutenir mutuellement dans les conflits qui peuvent exister entre le travail et le capital. »

Sixième question : Association.

« Citoyennes, citoyens,

« Considérant qu'il résulte des discours prononcés par les divers orateurs ayant traité cette question :

« 1° Que le travailleur ne peut, par son salaire, équilibrer son budget;

« 2° Que, par conséquent, toute économie étant d'une impossibilité absolue, il ne peut atteindre par le rachat le but social, qui est la possession des instruments de travail, dont la valeur est de plus de cent cinquante milliards;

« 3° Que les sociétés coopératives de production et de consommation ne peuvent améliorer que le sort d'un *petit nombre de privilégiés*, et dans une faible proportion,

« Le Congrès déclare :

« Que ces sociétés ne peuvent aucunement être considérées comme moyens assez puissants pour arriver à l'émancipation du prolétariat ;

« Que, néanmoins, ce genre d'association pouvant rendre des services, comme *moyen de propagande*, pour la diffusion des idées collectivistes et révolutionnaires, dont le but est de mettre les instruments de travail entre les mains des travailleurs, il doit être accepté au même titre que les autres genres d'associations, dans le seul but d'arriver, le plus vite possible, à la solution du problème social *par l'agitation révolutionnaire la plus active.* »

Septième question : CHAMBRES SYNDICALES OUVRIÈRES ET CONSEILS DE PRUD'HOMMES [1].

« Citoyennes, citoyens,

« J'ai l'honneur de présenter au Congrès les travaux de la deuxième commission.

« Le principe des Chambres syndicales est d'être *l'atelier technique, l'école préparatoire aux études sociales,* en habituant les hommes à se voir, à se fréquenter et à s'entendre. Les Chambres syndicales sont donc le rendez-vous des ouvriers d'une même profession, pour apprendre ce qui se fait comme progrès dans le travail, ce qui se passe dans les ateliers, se renseigner sur la valeur de telle ou telle maison, sur les salaires, etc.

[1] J'ai abrégé ce rapport long et peu intéressant.

« Votre commission tenant compte des vœux et des aspirations de tous les orateurs qui ont traité la question, il résulte que la majorité voit dans les Chambres syndicales un moyen d'action pour *propager, après étude, le socialisme, à n'importe quelle école il appartienne.* Elle y voit aussi un moyen de fédérer entre eux, dans toute la France, aussi bien à la ville qu'à la campagne, tous les groupes d'un même état, pour arriver, à un certain moment, à la fédération générale de toutes les corporations. Elle y voit enfin un moyen de préparer les Chambres syndicales de femmes, et l'abrogation de toutes les lois restrictives et oppressives en ce qui concerne la liberté de réunion et d'association, spécialement la loi des 14-17 juin 1791, celle du 10 avril 1834, le décret du 25 mars 1852, et les articles 291, 292, 294 du Code pénal.

« Voici les vœux de la Commission en ce qui concerne les conseils de prud'hommes :

« 1° L'électorat des conseils de prud'hommes basé sur la liste électorale politique.

« 2° Éligibilité des conseillers prud'hommes à l'âge de vingt-cinq ans et après trois ans d'aptitudes professionnelles.

« 3° Les conseils de prud'hommes seront composés mi-partie de patrons et d'ouvriers; ils nommeront deux présidents, dont un ouvrier et l'autre patron, qui tiendront la présidence à tour de rôle. (Cet article a été repoussé lors du vote).

« 4° Que les conseillers prud'hommes aient le droit de veiller sur les apprentis dans leur travail, et sur les ateliers au point de vue de la salubrité.

« 5° Que les conseillers prud'hommes soient rétribués.

« 6° Que les séances aient lieu le soir et soient publiques.

« 7° Attendu que les conseils de prud'hommes sont incompétents pour juger le travail des femmes, nous proposons que les femmes aient droit aux conseils de prud'hommes.

« 8° Sur la demande des délégués d'Alger, nous demandons que les prud'hommes soient établis en Algérie comme en France. »

Huitième question : CRÉATION DU QUATRIÈME ÉTAT.

« Citoyennes, citoyens,

« Le congrès ouvrier socialiste de Marseille, en inscrivant à l'ordre du jour d'une de ses séances la question de la représentation prolétarienne aux corps élus, a voulu ainsi montrer *la profonde différence qui sépare la grande masse des travailleurs de la petite masse des capitalistes, industriels, rentiers, patrons,* qui forment la bourgeoisie actuelle. Pour ce faire, il a reconnu qu'il était nécessaire que le prolétariat suivît une ligne de conduite conforme à ses inspirations et à ses intérêts de classe en se faisant représenter directement à tous les corps élus, afin d'opposer intérêts à intérêts, aspirations à aspirations, et pour faire découler de cette représentation l'application des réformes qu'il demande solennellement dans ce congrès.

« Votre Commission, nommée pour préparer un rapport résumant les débats qui se sont suivis, a pensé qu'il fallait élargir les conclusions que vous attendiez d'elle, pour que vous retirant au milieu de vos commettants, vous puissiez travailler sûrement à l'organisation des forces ouvrières et au triomphe de nos idées. C'est pour cela qu'elle demande, avant toute chose, que *le prolétariat fasse une scission complète avec la bourgeoisie* et se sépare d'elle sur tous les terrains à la fois intellectuel, juridique, politique et économique. Votre Commission vous propose donc de voter la formation en France d'un *parti de travailleurs,* dont le but sera d'appliquer toutes les résolutions du congrès ouvrier socialiste de Marseille et de ceux qui suivront, en tant que ces résolutions entreront dans l'application de la justice, que le prolétariat pourra poursuivre par tous les moyens possibles[1].

« La Commission vous propose de voter la nécessité de la représentation directe du prolétariat aux corps élus. Elle reconnaît que, si chaque groupe, commune ou région doit être autonome, et libre suivant les circonstances de mettre en vigueur ces résolutions, ils ont pour obligation, *au moins morale,* de présenter à toutes les élections des candidats ouvriers socialistes partout où faire se pourra et où il y aura possibilité.

« La Commission vous propose de reconnaître la rétribution de toutes les fonctions électives, afin de permettre à tout candidat ouvrier l'accessibilité des fonctions publiques quelles qu'elles soient, pour qu'il puisse y représenter dignement sa classe. Elle vous

[1] Voir le document G. Des renseignements particuliers me font croire que des meneurs essayent en ce moment d'organiser le parti ouvrier.

demande en outre de tracer ainsi qu'il suit le mandat des représentants ouvriers :

« Le représentant ouvrier doit prendre part à toutes les manifestations dans lesquelles il pourra défendre les intérêts du prolétariat. Il devra réclamer les libertés nécessaires aux réformes que le parti ouvrier a inscrites dans son programme, et s'abstenir de toute compromission, quelle qu'elle soit, avec tous les partis politiques représentés aux divers corps élus du pays.

« La durée du mandat des représentants ouvriers devra être laissée à la *faculté de chaque groupe,* commune ou région qui les auraient fait élire; mais invitation leur est faite de le rendre *aussi court* que possible.

« La Commission vous propose de reconnaître que, s'il est nécessaire que le prolétariat soit représenté à tous les corps élus, il n'est pas moins nécessaire qu'une presse ouvrière puisse préparer et soutenir les élections ouvrières socialistes, tout en vulgarisant les principes et les idées que les congrès ouvriers socialistes ont inscrits sur le programme prolétarien. »

DÉCALOGUE ÉTERNEL.

« Aux époques de prospérité de notre race, la loi morale formulée dans le Décalogue, interprétée par l'Évangile, donna le bien-être aux individus et la paix à la société[1]. » Jusqu'à la Révolution, notre droit positif a reconnu cette loi tout entière. Avec le Code civil, il n'en a plus été ainsi. Un petit nombre des préceptes de l'antique morale du genre humain sont seuls sanctionnés par la nouvelle législation; les autres lui restent complétement étrangers. Voilà pourquoi les individus n'ont plus le bien-être et la société n'a plus la paix.

1. Le Seigneur parla ensuite de cette sorte à Israël :
2. Je suis le Seigneur votre Dieu, qui vous ai tiré de la terre d'Égypte, de la maison de servitude.
3. Vous n'aurez point de dieux étrangers devant moi.
4. Vous ne vous ferez point d'image taillée, ni aucune figure de ce qui est en haut dans le ciel, et en bas sur la terre, ni de ce qui est dans les eaux sous la terre.

[1] F. Le Play, *Réforme sociale.*

5. Vous ne les adorerez point et vous ne leur rendrez point le souverain culte, car je suis le Seigneur votre Dieu, le Dieu fort et jaloux, *qui venge l'iniquité des pères jusqu'à la troisième et à la quatrième génération* dans tous ceux qui me haïssent.

6. Et qui fait miséricorde, dans la suite de mille générations, à ceux qui m'aiment et gardent mes préceptes.

7. Vous ne prendrez point en vain le nom du Seigneur votre Dieu; car le Seigneur ne prendra pas pour innocent celui qui aura pris en vain le nom du Seigneur son Dieu.

8. Souvenez-vous de sanctifier le jour du sabbat.

9. Vous travaillerez durant six jours et vous y ferez tout ce que vous aurez à faire.

10. Mais le septième jour est le jour du repos consacré au Seigneur votre Dieu. Vous ne ferez ce jour-là aucun ouvrage, ni vous, ni votre fils, ni votre fille, ni votre serviteur, ni votre servante, ni l'étranger qui sera dans l'enceinte de vos villes.

11. Car le Seigneur a fait en six jours le ciel, la terre, la mer et tout ce qui y est renfermé, et il s'est reposé le septième jour. C'est pourquoi le Seigneur a béni le jour du sabbat et l'a sanctifié.

12. Honorez votre père et votre mère, afin que vous viviez longtemps sur la terre que le Seigneur votre Dieu vous donnera.

13. Vous ne tuerez point.

14. Vous ne commettrez point de fornication.

15. Vous ne déroberez point.

16. Vous ne porterez point de faux témoignage contre votre prochain,

17. Vous ne désirerez point la maison de votre prochain; vous ne désirerez point sa femme ni son serviteur, ni sa servante, ni son bœuf, ni son âne, ni aucune des choses qui lui appartiennent.

(*Exode*, ch. xx, v. 1-17.)

LETTRE ENCYCLIQUE DU 8 DÉCEMBRE 1864.

La lettre encyclique du 8 décembre 1864 est vulgairement connue sous le nom de *Syllabus*. Il en est d'elle comme du programme de Belleville : beaucoup de gens en parlent, peu la connaissent. En la lisant attentivement, on verra qu'elle ne mérite pas tous les reproches dont on l'a chargée, mais qu'au contraire elle est un guide sûr que, dans bien des cas on consultera avec fruit. Elle n'est pas, comme certains le pensent, un document nouveau sorti *ex abrupto* de la plume d'un Pape, mais bien un résumé des vérités professées de tout temps par l'Église, résumé que Pie IX a cru devoir assembler en un corps de doctrine. Mgr Dupanloup a fait ressortir dans une brochure remarquable ce caractère du *Syllabus*.

RÈGLES DE FOI ET DE CONDUITE POUR LES CATHOLIQUES[1]. — PANTHÉISME, NATURALISME ET RATIONALISME ABSOLU.

I. Il existe un Être divin, suprême, parfait dans sa sagesse et sa providence, distinct de l'universalité des

[1] La traduction que je donne ici est tirée de l'ouvrage de M. VILLEFRANCHE, *Pie IX, sa vie, son histoire, son siècle.*

choses, et Dieu n'est pas identique avec la nature des choses, ni conséquemment sujet aux changements. Dieu n'est pas l'ouvrage de l'homme ni du monde, et tous les êtres ne sont pas Dieu et n'ont pas la propre substance de Dieu. Dieu n'est pas une seule et même chose avec le monde, ni par conséquent l'esprit avec la matière, la nécessité avec la liberté, le vrai avec le faux, le bien avec le mal et le juste avec l'injuste.

2. On ne doit pas nier toute action de Dieu sur les hommes et sur le monde.

3. La raison humaine n'est pas l'unique arbitre du vrai et du faux, du bien et du mal, sans tenir aucun compte de Dieu. Elle n'est pas à elle-même sa loi, et elle ne suffit pas, par ses forces naturelles, à procurer le bien des hommes et des peuples.

4. Les vérités de la religion ne découlent pas toutes de la force native de la raison humaine; la raison n'est donc pas une règle souveraine d'après laquelle l'homme puisse et doive acquérir la connaissance de toutes les vérités de toute espèce.

5. La révélation divine n'est pas imparfaite, ni par conséquent sujette à un progrès continu et indéfini correspondant au progrès de la raison humaine.

6. La foi du Christ n'est pas en opposition avec la raison humaine, et la révélation divine non-seulement ne nuit pas à l'homme, mais encore sert à la perfection humaine.

7. Les prophéties et les miracles exposés dans les Saintes Écritures ne sont pas des fictions poétiques, et les mystères de la foi chrétienne ne sont pas le résumé d'investigations philosophiques. Dans les livres des deux Testaments n'est contenue aucune invention

mythique, et Jésus-Christ lui-même n'est pas un mythe.

8. Comme la raison humaine n'est pas égale à la religion elle-même, les sciences théologiques ne doivent pas être traitées de la même manière que les sciences philosophiques.

9. Il est faux que tous les dogmes de la religion chrétienne, sans exception, soient l'objet de la science naturelle ou philosophique, et que la raison humaine, n'ayant qu'une culture historique, puisse, d'après ces principes et par ses forces naturelles, parvenir à une vraie connaissance de tous les dogmes, même les plus cachés, pourvu que ces dogmes aient été proposés à la raison comme objet.

10. Bien qu'autre chose soit le philosophe et autre chose la philosophie, celui-là n'a pas seulement le droit et le devoir de se soumettre à une autorité qu'il aura lui-même reconnue vraie; mais la philosophie peut et doit se soumettre à cette autorité.

11. L'Église non-seulement doit quelquefois sévir contre la philosophie, mais elle ne doit pas tolérer les erreurs de cette même philosophie, ni lui abandonner le soin de se corriger elle-même.

12. Les décrets du Siége apostolique et des congrégations romaines n'empêchent pas le libre progrès de la science.

13. La méthode et les principes d'après lesquels les anciens docteurs scolastiques ont cultivé la théologie conviennent encore aux nécessités de notre temps et au progrès des sciences.

14. On ne doit point s'occuper de philosophie sans tenir compte de la révélation surnaturelle.

Indifférentisme, latitudinarisme.

15. Il est faux que tout homme soit libre d'embrasser et de professer la religion qu'il aura été amené par la lumière de la raison à regarder comme vraie.

16. Il est faux que les hommes puissent trouver le chemin du salut éternel et obtenir le salut éternel dans le culte de n'importe quelle religion.

17. Il est faux que, du moins, on doit bien espérer du salut de tous ceux qui vivent hors de la véritable Église du Christ.

18. Le protestantisme n'est pas simplement une forme diverse de la même religion chrétienne, forme dans laquelle on puisse être agréable à Dieu aussi bien que l'Église catholique[1].

Socialisme, communisme, sociétés secrètes, sociétés bibliques, sociétés clérico-libérales.

Ces sortes de pestes sont souvent frappées de sentences formulées dans les termes les plus graves par diverses lettres encycliques[2].

[1] Pie IX a expliqué comment il fallait entendre les propositions 16, 17, 18. Elles n'ont pas le rigorisme apparent qu'on pourrait leur supposer. Voir aussi l'explication donnée par Mgr Dupanloup dans la brochure déjà citée.

[2] Voir notamment les *Lettres encycliques* du 9 novembre 1846, du 8 décembre 1849, du 10 août 1863.

Erreurs relatives a l'Église et a ses droits.

19. L'Église est une véritable et parfaite société, pleinement libre; elle jouit de ses droits propres et constants, que lui a conférés son divin fondateur, et il n'appartient pas au pouvoir civil de définir quels sont les droits de l'Église et les limites dans lesquelles elle peut les exercer.

20. La puissance ecclésiastique a le droit d'exercer son autorité sans la permission et l'assentiment du gouvernement civil.

21. L'Église a le pouvoir de définir dogmatiquement que la religion catholique est la seule vraie religion.

22. L'obligation qui astreint les maîtres et écrivains catholiques ne se borne pas uniquement aux choses qui sont proposées par l'infaillible jugement de l'Église comme des dogmes de foi devant être crus par tous.

23. Le Pontife romain et les conciles œcuméniques ne se sont pas écartés des limites de leurs pouvoirs; ils n'ont point usurpé les droits des princes, ils n'ont point erré dans les définitions relatives à la foi et aux mœurs.

24. Il est faux que l'Église n'ait pas le droit d'employer la force et qu'elle n'ait aucune puissance temporelle directe ou indirecte.

25. En dehors du pouvoir inhérent à l'épiscopat, il n'y a aucun pouvoir temporel qui lui ait été accordé ou expressément ou tacitement par l'autorité civile,

aucun pouvoir par conséquent qui puisse être révoqué à volonté par cette même autorité civile.

26. L'Église a le droit naturel et légitime d'acquérir et de posséder.

27. Il est faux que les ministres sacrés et le Pontife romain doivent être exclus de toute justice et autorité sur les choses temporelles.

28. On ne saurait contester aux évêques le droit de ne rien publier, pas même les lettres apostoliques, sans la permission du gouvernement.

29. Les grâces accordées par le Pontife romain ne doivent pas être regardées comme nulles, si elles n'ont pas été demandées par l'entremise des gouvernements.

30. L'immunité de l'Église et des personnes ecclésiastiques n'a pas tiré son origine du droit civil.

31. Il est faux que le for ecclésiastique, pour les procès temporels des clercs, soit au civil, soit au criminel, doive être absolument aboli sans consulter le Siége apostolique et sans tenir compte de ses réclamations.

32. L'immunité personnelle en vertu de laquelle les clercs sont exempts du service militaire ne peut être abrogée sans violation de l'équité et du droit naturel. Le progrès civil ne demande point cette abrogation, même dans une société constituée d'après une législation libérale.

33. C'est à la juridiction ecclésiastique qu'il appartient uniquement, par droit propre et naturel, de diriger l'enseignement des choses théologiques.

34. Les doctrines de ceux qui comparent le Pontife romain à un prince libre et exerçant son pouvoir dans

l'Église universelle n'est pas une doctrine datant du moyen âge.

35. Il y a des raisons qui empêchent que, par un concile général ou par le fait de tous les peuples, le souverain pontificat soit transféré de l'évêque romain et de la ville de Rome à un autre évêque et à une autre ville.

36. La définition faite par un concile national n'est pas sans appel, et l'administration civile ne suffit pas pour trancher la question.

37. On ne peut instituer des églises nationales soustraites à l'autorité du Pontife romain et entièrement séparées de lui.

38. Ce ne sont pas les actes arbitraires des Pontifes romains qui ont poussé à la division de l'Église en orientale et occidentale.

Erreurs relatives a la société civile considérée soit en elle-même, soit dans ses rapports avec l'Église.

39. L'État ne jouit pas, comme étant l'origine et la source de tous droits, d'un droit qui ne soit circonscrit par aucune limite.

40. La doctrine catholique n'est pas opposée aux biens et aux intérêts de la société humaine.

41. La puissance civile, et surtout si elle est exercée par un prince infidèle, ne possède aucun pouvoir négatif sur les choses sacrées; elle n'a, par conséquent, ni le droit qu'on appelle d'*exequatur*, ni le droit qu'on nomme d'appel comme d'abus.

42. En cas de conflit légal entre les deux pouvoirs, ce n'est pas le droit civil qui prévaut.

43. La puissance laïque n'a pas le droit de déchirer, de déclarer et de rendre nulles les conventions solennelles (vulgairement appelées concordats) conclues avec le Siége apostolique relativement à l'usage des droits qui appartiennent à l'immunité ecclésiastique sans le consentement de ce Siége et malgré ses réclamations.

44. L'autorité civile ne peut s'immiscer dans les choses qui regardent la religion, les mœurs et le régime spirituel. Elle ne peut donc pas juger des instructions que les pasteurs de l'Église publient d'après leur charge pour la règle des consciences. Elle ne peut pas non plus décider sur l'administration des sacrements et sur les dispositions nécessaires pour les recevoir.

45. La direction des écoles publiques dans lesquelles la jeunesse d'un État chrétien est élevée ne peut pas et ne doit pas, même en en exceptant dans une certaine mesure les séminaires épiscopaux, être attribuée tout entière à l'autorité civile, et cela de telle manière qu'il ne soit reconnu à aucune autre autorité le droit de s'immiscer dans la discipline des écoles, dans le régime des études, dans la collation des grades, dans le choix et l'approbation des maîtres.

46. Encore moins, dans les séminaires des clercs, la méthode à suivre dans les études est-elle soumise à l'autorité laïque.

47. La bonne constitution de la société civile ne demande nullement que les écoles populaires, qui sont ouvertes à tous les enfants de chaque classe du peuple,

et en général que les institutions publiques destinées à l'enseignement supérieur et à une éducation plus élevée de la jeunesse, soient affranchies de toute autorité de l'Église, de toute influence modératrice et de toute ingérence de sa part, et qu'elles soient pleinement soumises à la volonté de l'autorité civile et politique, suivant le bon plaisir des gouvernants et le courant des opinions générales de l'époque.

48. Des catholiques ne peuvent approuver un système d'éducation placé en dehors de la foi catholique et de l'autorité de l'Église, et n'ayant pour but, ou du moins pour but principal, que la connaissance des choses purement naturelles et de la vie sociale d'ici-bas.

49. L'autorité civile n'a pas le droit d'empêcher les évêques et les fidèles de communiquer librement entre eux et avec le Pontife romain.

50. L'autorité séculière n'a pas par elle-même le droit de présenter les évêques; elle ne peut exiger d'eux qu'ils prennent en main l'administration de leur diocèse avant qu'ils aient reçu du Saint-Siége l'institution canonique et les lettres apostoliques.

51. Encore moins la puissance séculière a-t-elle le droit d'interdire aux évêques l'exercice de leur ministère pastoral, et est-elle dispensée d'obéir au Pontife romain en ce qui concerne l'institution des évêchés et des évêques.

52. Le gouvernement ne peut pas, de son propre droit, changer l'âge prescrit par l'Église pour la profession religieuse, soit des femmes, soit des hommes, ni enjoindre aux communautés religieuses de n'admettre personne aux vœux solennels sans son autorisation.

53. On ne doit pas abroger les lois qui protégent l'existence des familles religieuses, leurs droits et leurs fonctions; à plus forte raison la puissance civile ne doit-elle pas donner son appui à quiconque voudrait quitter l'état religieux après l'avoir embrassé et enfreindre des vœux solennels; elle ne peut pas non plus supprimer ces mêmes communautés religieuses, ainsi que les églises collégiales, les bénéfices simples, même de droit de patronage, ni soumettre ni attribuer leurs biens et leurs revenus à l'administration et à la volonté du pouvoir civil.

54. Les rois et les princes non-seulement ne sont pas supérieurs à l'Église quand il s'agit de trancher des questions de juridiction, mais ils ne sont pas exempts de la juridiction de l'Église.

Erreurs concernant la morale naturelle et chrétienne.

55. Les lois de la morale ont besoin de la sanction divine, et il est au moins nécessaire que les lois humaines se conforment au droit naturel ou reçoivent de Dieu le pouvoir d'obliger.

56. La science des choses philosophiques et morales, non plus que les lois civiles, ne peuvent ni ne doivent se soustraire à l'autorité divine et ecclésiastique.

57. On doit reconnaître d'autres forces que celles qui résident dans la matière, et toute règle de morale, toute honnêteté ne consiste pas à accumuler et à augmenter ses richesses par tous les moyens et à se procurer des jouissances.

58. Il est faux que le droit consiste dans le fait matériel, que tous les devoirs des hommes soient un mot vide de sens et que tous les faits humains aient force de droit.

59. L'autorité est autre chose que la somme du nombre et des forces matérielles.

60. Il est faux qu'une injustice de fait qui réussit ne porte aucune atteinte à la sainteté du droit.

61. Il est faux qu'on doive proclamer et observer le principe que l'on appelle de non-intervention.

62. Il n'est pas permis de refuser l'obéissance aux princes légitimes, encore moins de se révolter contre eux.

63. La violation d'un serment, quelque saint qu'il soit, et toute action criminelle et honteuse opposée à la loi éternelle, non-seulement doit être blâmée, mais, lors même qu'elle est inspirée par l'amour de la patrie, elle est tout à fait illicite, bien loin de mériter les plus grands éloges.

Erreurs concernant le mariage chrétien.

64. On peut établir par des raisons que le Christ a élevé le mariage à la dignité de sacrement.

65. Le sacrement de mariage est autre chose que l'accessoire du contrat et qui en puisse être séparé; le sacrement lui-même ne consiste pas uniquement dans la bénédiction nuptiale.

66. De droit naturel, le lien du mariage est indissoluble, et, pas même dans certains cas, le divorce pro-

prement dit ne peut être sanctionné par l'autorité civile.

67. L'Église a le pouvoir d'apporter des empêchements dirimants au mariage; ce pouvoir n'appartient pas à l'autorité civile, par laquelle les empêchements existants ne sauraient être levés.

68. Il est faux que l'Église, dans le cours des siècles, ait commencé à introduire les empêchements dirimants, non par son droit propre, mais en usant d'un droit par elle emprunté au pouvoir civil.

69. Les canons du concile de Trente, qui prononcent l'anathème contre ceux qui osent nier le pouvoir qu'a l'Église d'établir des empêchements dirimants, sont dogmatiques et ne doivent pas s'entendre de ce pouvoir emprunté.

70. La forme prescrite par le concile de Trente oblige sous peine de nullité, même quand la loi civile établit une autre forme à suivre et veut qu'au moyen de cette forme le mariage soit valide.

71. Boniface VIII n'est pas le premier qui ait déclaré que le vœu de chasteté émis dans l'ordination rend le mariage nul.

72. Un vrai mariage ne peut exister par la force du contrat purement civil entre chrétiens, et il est certain que ou le contrat de mariage entre chrétiens est toujours un sacrement, ou que ce contrat est nul en dehors du sacrement.

73. Les causes matrimoniales et les fiançailles n'appartiennent pas, par leur nature propre, à la juridiction civile.

Erreurs sur le principat civil du Pontife romain.

74. Sur la comptabilité de la royauté temporelle avec le pouvoir spirituel, les fils de l'Église chrétienne et catholique sont d'accord.

75. L'abrogation de la souveraineté civile dont le Saint-Siége est en possession ne servirait pas le moins du monde à la liberté et au bonheur de l'Église.

Erreurs qui se rapportent au libéralisme moderne.

76. Même à notre époque, il est utile que la religion catholique soit regardée comme l'unique religion de l'État, à l'exclusion de tous les autres cultes.

77. Ce n'est donc pas avec raison que, dans certains pays catholiques, la loi a pourvu à ce que les étrangers qui viennent s'y établir y puissent jouir chacun de l'exercice de leurs cultes particuliers.

78. Car il n'est que trop vrai que la liberté civile de tous les cultes et le plein pouvoir donné à tous de manifester publiquement toutes leurs pensées et toutes leurs opinions jettent plus facilement les peuples dans la corruption des mœurs et de l'esprit et propagent l'indifférentisme.

79. Le Pontife romain ne peut ni ne doit se réconcilier avec le prétendu progrès, le libéralisme, la fausse civilisation.

STATUTS ET RÈGLEMENTS DU CORPS DES CALFATS

OCTROYÉS PAR ARRÊT DU CONSEIL DU ROI EN DATE DU 14 NOVEMBRE 1726.

L'organisation des calfats était bien antérieure à 1720; elle fut seulement remaniée à cette époque. Comme toutes les autres corporations, celle des calfats se complétait par une confrérie qui lui donnait son véritable caractère social. En aimant Dieu, les hommes apprennent à s'aimer les uns les autres; il n'y a pas d'autre procédé. La confrérie faisait pour l'âme des associés ce que la corporation faisait pour le corps. On comprend, sans qu'il soit besoin d'insister, comment fonctionnait une institution qui avait un pareil but.

Article Ier. — Ceux qui voudront entrer dans la corporation des calfats devront commencer leur apprentissage à l'âge de treize à quatorze ans, et payeront chacun seulement trente livres au maître avec lequel ils s'engageront. Défend Sa Majesté audit maître d'exiger davantage, à peine de deux cents livres d'amende, dont moitié applicable au dénonciateur et l'autre moitié à la confrérie des calfats.

Art. 2. — En cas de décès du maître avant les huit

premiers mois de l'apprentissage expirés, la succession dudit maître sera tenue de rembourser à l'apprenti la somme de quinze livres, et ledit apprenti sera obligé de s'engager avec un autre maître pour y continuer le reste de son apprentissage; ordonne Sa Majesté audit maître de le recevoir pour ladite somme de quinze livres seulement.

Art. 3. — Si ledit maître meurt après les huit premiers mois de l'apprentissage expirés, sa succession ne sera point tenue de rien rembourser audit apprenti, qui pourra se mettre en apprentissage chez un autre maître pour le temps qui lui restera encore à faire; ordonne Sa Majesté audit maître de le recevoir sans rien exiger de lui.

Art. 4. — Les maîtres mèneront eux-mêmes leurs apprentis au travail et ne pourront les donner à d'autres maîtres pour les y conduire, à peine de dix livres d'amende.

Art. 5. — Tous les maîtres calfats seront tenus d'avoir chacun un apprenti, à peine d'interdiction du travail de leur métier pendant le temps qu'ils n'en auront point.

Art. 6. — Permet cependant Sa Majesté aux maîtres qui n'auront point d'apprentis de conduire au travail les apprentis dont les maîtres seront malades ou obligés de s'absenter du port; auquel cas seulement le travail ne sera point interdit auxdits maîtres qui n'auront point d'apprentis.

Art. 7. — Les enfants des maîtres calfats seront reçus pour apprentis de préférence à tous autres; ensuite les enfants de l'hôpital de Saint-Jacques et de celui de Notre-Dame de la Charité, lesquels seront présentés aux maîtres calfats par les recteurs desdits hôpitaux, sans que les maîtres calfats puissent les refuser, à moins qu'ils n'eussent déjà chacun un apprenti et que lesdits enfants ne fussent d'une complexion trop faible pour le métier de calfat; auquel cas lesdits maîtres calfats exposeront au lieutenant de l'Amirauté les raisons de leur refus; lequel sera obligé de juger sommairement et sans frais de validité ou invalidité du refus sur l'inspection desdits enfants.

Art. 8. — Les recteurs payeront les trente livres aux maîtres calfats et fourniront à l'apprenti les vêtements et outils nécessaires.

Art. 9. — Il ne sera payé pour l'apprentissage que les sommes réglées par les articles 1 et 2 du présent arrêt, et il ne sera rien payé de plus par lesdits apprentis, soit par rapport à leur entrée ou à leur sortie, pour quelque cause et sous quelque prétexte que ce soit, ni par eux donné aucun repas, à peine de dix livres d'amende contre chacun de ceux qui auront exigé quelque prétendu droit ou assisté à quelque repas donné par aucun desdits apprentis.

Art. 10. — Nul ne pourra être reçu maître calfat qu'il n'ait fait les années d'apprentissage et celles en qualité de compagnon, mentionnées dans les articles suivants.

Art. 11. — Ceux qui commenceront à apprendre le métier de calfat à l'âge de treize ans seront tenus de faire trois années d'apprentissage, et les autres, qui ne commenceront qu'à quatorze, n'en feront que deux.

Art. 12. — Ils seront obligés, les uns et les autres, de justifier leur apprentissage par contrat, à l'exception cependant des fils des maîtres calfats, qui seront seulement tenus de faire faire mention sur le registre des calfats de leur apprentissage, laquelle mention sera signée par le maître calfat qui les prendra pour apprentis, et l'expédition délivrée par l'officier des classes.

Art. 13. — Les enfants des hôpitaux, après l'apprentissage fini, serviront leur maître en qualité de compagnons pendant deux ans, sans autre salaire que les habits et la nourriture.

Art. 14. — Les autres enfants qui auront fini leur apprentissage seront tenus de servir aussi deux ans en qualité de compagnons pour être reçus maîtres, à l'exception cependant des fils de maîtres, qui ne seront tenus de servir qu'une seule année, et sans qu'ils puissent être assujettis les uns et les autres à demeurer chez les maîtres chez lesquels ils auront fait leur apprentissage.

Art. 15. — Les calfats seront reçus à la maîtrise par le lieutenant de l'Amirauté, après avoir été examinés en sa présence et celle du procureur de Sa Majesté, par deux prud'hommes ou maîtres calfats; le tout sans frais; et il sera payé au greffier, pour l'expédition de la lettre de maîtrise, vingt sols seulement.

Art. 16. — Les calfats forains, qui justifieront audit lieutenant de leur maîtrise dans d'autres ports, ou qui auront fait deux campagnes sur les vaisseaux ou galères de Sa Majesté, ou trois sur d'autres bâtiments français en qualité de calfats, seront reçus maîtres sans autre apprentissage et sans frais, s'ils veulent s'établir dans le port par mariage ou autrement.

Art. 17. — Lesdits calfats forains seront tenus de justifier les campagnes qu'ils auront faites au service de Sa Majesté et sur les autres bâtiments français par des certificats des officiers des classes de leur quartier, dont sera fait mention dans leurs lettres de maîtrise.

Art. 18. — Lesdits maîtres calfats, après avoir été reçus, seront tenus d'aller au bureau des classes pour s'y faire enregistrer en ladite qualité.

Art. 19. — Les maîtres calfats éliront annuellement quatre prud'hommes, qui auront soin des affaires de la confrérie et visiteront journellement le travail des ouvriers calfateurs, et en cas d'abus ou de malfaçon, ils en rendront incessamment compte au lieutenant de l'Amirauté, à peine d'en répondre.

Art. 20. — Les prud'hommes des calfats entretiendront en bon état, aux frais de la confrérie, le nombre de ponts nécessaires, tant pour les galères du roi que pour les autres bâtiments qui sont dans le port, pour les louer à ceux qui en ont besoin, moyennant trois sols pour chaque pont ordinaire et six sols pour ceux destinés au chauffage des vaisseaux. Fait Sa Majesté défense à toutes personnes d'avoir de ces sortes de ponts et de se servir d'autres que de ceux desdits prud'hommes, à peine de confiscation au profit de la confrérie des maîtres calfats.

Art. 21. — Lesdits prud'hommes donneront aux capitaines, patrons et propriétaires de bâtiments de mer les chefs d'ouvrage et meneurs d'œuvre qu'ils leur demanderont, et, pour cet effet, seront tenus de leur nommer six ou huit maîtres calfats, parmi lesquels lesdits propriétaires, capitaines ou patrons pourront choisir ceux qu'ils jugeront les plus convenables pour le service de leur navire.

Art. 22. — Lesdits prud'hommes donneront auxdits

propriétaires, capitaines ou patrons, le nombre d'ouvriers calfateurs qu'ils leur demanderont pour servir sous lesdits chefs d'ouvrage et meneurs d'œuvre, sans que lesdits propriétaires ou patrons puissent refuser ceux qui leur seront donnés, excepté dans le cas d'invalidité, laquelle sera justifiée par un extrait du registre du bureau des classes.

Art. 23. — Enjoint Sa Majesté auxdits prud'hommes d'agir en leur *honneur et conscience* dans la distribution qu'ils feront aux propriétaires, capitaines ou patrons des ouvriers calfateurs, en sorte que les ouvriers faibles ne soient point employés au calfatage d'un même navire, le tout ainsi qu'il est réglé par leurs statuts.

Art. 24. — En cas de refus ou de retardement de la part desdits prud'hommes ou de manque de calfats, le lieutenant de l'Amirauté pourra donner aux propriétaires, capitaines ou patrons, après avoir entendu préalablement lesdits prud'hommes, une permission par écrit de faire venir des calfats forains, laquelle permission leur sera accordée sans aucun frais.

Art. 25. — Veut Sa Majesté que lesdits calfats forains ainsi venus dans le port soient tenus, à leur arrivée, de se présenter au bureau des classes pour y être enregistrés, et le certificat de cet enregistrement porté par eux au greffe de l'Amirauté, pour y être enregistré sans frais; au moyen de quoi ils pourront travailler dans le port pendant le temps et espace de deux mois, à compter du jour de leur enregistrement. Défend Sa Majesté aux prud'hommes et calfats du port de les troubler, à peine de cinq cents livres d'amende et de tous dépens et dommages-intérêts envers les propriétaires

taires, capitaines ou patrons desquels l'ouvrage aurait été retardé.

Art. 26. — Les chefs d'ouvrage et meneurs d'œuvre, les calfats compagnons et apprentis ne pourront être renvoyés avant la perfection de l'ouvrage par les propriétaires, capitaines ou patrons, si ce n'est en cas d'invalidité, laquelle pourra être justifiée comme il est dit par l'article 22 du présent arrêt.

Art. 27. — Lesdits chefs d'ouvrage et meneurs d'œuvre, les calfats, compagnons et apprentis, ne pourront pareillement quitter l'ouvrage avant qu'il soit achevé, à peine de dix livres d'amende et d'être privés de travailler pendant un mois dans le port, à moins qu'ils ne soient commandés pour le service de Sa Majesté ou qu'ils ne s'engagent pour s'embarquer sur les bâtiments de commerce.

Art. 28. — Les capitaines, maîtres ou patrons des bâtiments de mer des autres ports du royaume qui auront des calfats, lesquels seront portés sur le rôle d'équipage, pourront les employer à racler, brusquer ou calfater leurs bâtiments en se servant des ponts des prud'hommes; défend Sa Majesté auxdits prud'hommes et calfats du port de les troubler, et enjoint auxdits prud'hommes de fournir auxdits capitaines, maîtres ou patrons, les autres calfats dont ils pourront avoir besoin.

Art. 29. — Fait Sa Majesté défense à tout calfat de prendre à forfait le calfatage d'aucun bâtiment, à peine de privation de sa maîtrise, et à tous propriétaires, capitaines ou patrons de vaisseaux ou autres bâtiments de mer de donner à forfait le calfatage de leur bâtiment, à peine de cent livres d'amende, dont moitié applicable au dénonciateur et l'autre moitié à la confrérie des calfats.

Art. 30. — Les ouvriers calfateurs commenceront leur travail, pendant l'hiver, à six heures du matin et finiront à la nuit, et commenceront, en été, à cinq heures et demie du matin pour finir à sept heures du soir; ils pourront prendre pour leur repos une heure et demie en hiver et trois heures en été; ce qui sera observé les samedis et veilles des fêtes comme les autres jours ouvrables.

Art. 31. — Fait défense Sa Majesté auxdits calfats de travailler de leur métier hors les heures réglées par l'article ci-devant, à peine contre chacun d'eux de trois livres d'amende, et trente livres aussi d'amende contre les propriétaires, capitaines ou patrons sur le bâtiment duquel ils travailleront, lesdites amendes applicables à la confrérie des calfats. Enjoint aux prud'hommes desdits calfats de donner avis au procureur de Sa Majesté de l'Amirauté de ceux qui auront contrevenu au présent article, à l'effet de poursuivre les délinquants.

Art. 32. — Veut cependant Sa Majesté qu'en cas qu'une veille de dimanche ou fête l'ouvrage d'un bâtiment se trouvât assez avancé pour qu'il ne fallût plus qu'une heure ou une heure et demie pour en finir le travail, ou que dans les cas particuliers d'un départ forcé de quelque navire, où il serait nécessaire d'excéder les heures du travail, même de le continuer pendant la nuit, de tirer un navire d'un danger évident ou autres cas également pressants, les ouvriers calfateurs travaillant auxdits bâtiments soient tenus de continuer l'ouvrage pendant ledit temps, par la permission qui leur en sera accordée par le lieutenant de l'Amirauté, lui en justifiant la nécessité; auquel travail lesdits ouvriers seront payés à proportion du prix de journée, sans pouvoir en exiger davantage.

Art. 33. — Le prix des journées demeurera fixé à trente-six sols pour chacun des chefs d'ouvrage, trente-trois sols pour chacun des meneurs d'œuvre, trente sols pour chacun des maîtres, vingt sols pour chacun des compagnons et dix sols pour chaque apprenti. Défend Sa Majesté auxdits ouvriers d'en exiger davantage, à peine, pour la première fois, de restitution du sur-exigé, et de dix livres d'amende en cas de récidive, et aux propriétaires, capitaines ou patrons de donner plus fort salaire auxdits ouvriers, à peine, pour la première fois, de trente livres d'amende, et du double en cas de récidive. Permet néanmoins Sa Majesté auxdits ouvriers de recevoir, sans tirer conséquences, pendant un an, à commencer du 1er janvier prochain, jusqu'à quarante sols pour les chefs d'ouvrage, trente-sept sols pour les meneurs d'œuvre, trente-cinq sols pour les maîtres calfats, vingt-deux sols pour les compagnons et douze sols pour les apprentis.

Art. 34. — Lorsque le calfatage d'un bâtiment sera fini, le prud'homme des calfats qui en aura eu l'inspection donnera au capitaine dudit bâtiment, sur le rapport des principaux ouvriers, un certificat contenant le nombre des journées de travail qui aura été fait et les sommes qu'il aura payées pour lesdites journées, lequel certificat sera écrit et signé de la main dudit prud'homme et servira de quittance audit capitaine et de pièces justificatives de la dépense qu'il aura faite à ce sujet.

Art. 35. — Toutes les contraventions et contestations qui naîtront pour l'exécution du présent arrêt seront jugées en première instance et sans frais par les officiers de l'Amirauté, Sa Majesté leur en attribuant à cet effet la connaissance, et icelle interdisant à toutes ses cours et autres juges.

Art. 36. — Les sentences qui interviendront contre les délinquants seront exécutées pour les condamnations d'amende, nonobstant l'appel, et sans préjudice d'icelui, sans qu'il puisse être accordé de défense.

Art. 37. — Ceux qui appelleront desdites sentences seront tenus de faire statuer sur ledit appel ou de le mettre en état d'être jugé définitivement dans un an du jour et date d'icelui, sinon à défaut de ce faire, ledit temps passé, ladite sentence sortira son plein et entier effet, et l'amende sera distribuée conformément à ladite sentence et le dépositaire d'icelle bien et valablement déchargé.

Art. 38. — Veut au surplus Sa Majesté que ses ordonnances et règlements pour le fait de la marine, et les statuts des maîtres calfats du port, soient exécutés en ce qui ne sera pas contraire au présent arrêt.

PIÈCES JUSTIFICATIVES

Sommaire. — Document A : Manifeste du premier Congrès ouvrier. — Document B : Programme, *in extenso*, des questions proposées au troisième Congrès ouvrier. — Document C : Déclaration révolutionnaire, lue au troisième Congrès ouvrier, au nom de la majorité des délégués. — Document D : Adresse envoyée par le Congrès de Paris *aux frères des champs*. — Document E : Protestation contre certaines décisions du troisième Congrès ouvrier, signée *par vingt-trois délégués*. — Document F : Quelques faits relatifs à l'amnistie. — Document G : Organisation du parti des travailleurs de France. — Document H : Programme du prochain Congrès ouvrier. — Document I : Principales villes représentées aux Congrès ouvriers. — Document J : Nombre des délégués aux Congrès ouvriers. — Document K : Nombre d'orateurs entendus sur chaque question dans les trois Congrès. — Document L : Principales professions représentées aux Congrès ouvriers. — Document M : Ce que devait être le futur Congrès de Marseille, d'après un journal d'août 1879.

Les pièces justificatives forment le complément nécessaire d'un ouvrage comme celui-ci. Elles ne sont pas aussi complètes que je l'aurais voulu, mais elles suffisent pour enlever leurs illusions à ceux qui pourraient encore en garder, après la lecture du Précis du congrès. Arrivés au terme de notre course, nous sommes loin « de la profonde et complète devise[1] » :

Liberté. Égalité. Fraternité.

En voici une autre *plus profonde et plus complète*, et qui a le mérite de résumer les vraies aspirations de la démocratie :

Despotisme. Jouissance. Haine.

[1] Paroles de M. Gambetta, candidat radical, en 1869.

DOCUMENT A.

Citoyennes, citoyens,

Le Comité d'initiative avait prié le citoyen Crémieux de vouloir bien faire des démarches auprès des Compagnies de chemins de fer, pour obtenir une réduction de 50 pour 100 sur le prix des places. Les démarches du citoyen Crémieux n'ont pas abouti, et il nous propose d'ouvrir une souscription publique qui, tout en faisant face à tous les frais du Congrès, permettrait aux délégués de province de venir au Congrès sans avoir à payer place entière. Tout le monde ne peut qu'approuver l'idée du citoyen Crémieux.

Nous adressons d'abord nos remercîments chaleureux à l'un des plus illustres vétérans de la démocratie, au citoyen Crémieux, qui joint à une souscription de 1,000 francs une lettre dont l'expression et les sentiments ne peuvent que satisfaire les vrais républicains; au directeur et aux rédacteurs de la *Tribune*, tous dévoués à l'émancipation du prolétariat, et dont les généreuses initiatives, nous en sommes persuadés, seront certainement suivies.

Et maintenant, citoyennes et citoyens, membres des Chambres syndicales, des sociétés de production, de consommation, de crédit, de secours mutuels et de compagnonnage, à l'œuvre! Que des résolutions que vous saurez prendre et des revendications légitimes qui sortiront du Congrès ouvrier, naissent l'enthousiasme pour les grandes choses et l'exemple, pour les générations futures, qu'un peuple tombé dans le malheur peut grandir aux yeux du monde, lorsqu'au lieu de chercher exclusivement sa rénovation dans la revanche par les armes, il la demande surtout au développement du travail qui féconde, au lieu de la guerre qui ne sème que des ruines et des pleurs.

En tête du programme élaboré par la commission d'initiative du Congrès figure la question du travail des femmes. C'est vous dire que tant que la femme ne jouira pas des droits qui lui sont refusés, nous ne cesserons de réclamer pour elle.

Nous savons, citoyennes, que votre concours à la souscription ne lui fera pas défaut, et d'avance nous vous en remercions.

La victoire pacifique que nous tâcherons de remporter n'aura pas pour nous le mobile de nous approprier exclusivement l'effet des avantages obtenus. Loin de là, plus encore que par le passé, nous reporterons à tous les peuples les conséquences des succès réalisés, afin que la gloire dont nos pères de la Révolution se sont couverts, en proclamant les principes de liberté, d'égalité et de fraternité, soit complétée par l'application de l'arbitrage pour les différends qui s'élèvent entre les nations.

Que nos efforts constants rapprochent l'heure où, guidés par la solidarité, les peuples, répudiant la conquête, établiront enfin *l'harmonie des rapports basés sur la justice sociale*, et nous aurons effacé alors la tache d'avoir supporté vingt ans la honte de l'Empire.

Que les savants, les artistes, les littérateurs, tous

ceux enfin qui pratiquent le travail intellectuel, ne se séparent pas de ceux qui, courbés sous le travail manuel, accomplissent leur tâche quotidienne avec la pensée de concourir, dans la mesure de leurs forces, au progrès moral et industriel de l'humanité. Que de cette union, étroitement pratiquée, sorte l'ère de prospérité et de grandeur qui, en donnant à notre cher pays la place à laquelle il a droit, fondera en même temps la base inébranlable de la démocratie moderne.

Dégagés de la tutelle de l'État, les travailleurs entendent faire eux-mêmes leurs propres affaires et ne réclament que la liberté de réunion et d'association, comme le seul moyen d'équilibrer, dans la production et la consommation, les rapports entre le capital et le travail.

Que tous ceux qui veulent, par l'initiative privée, aider à cette transformation économique, apportent leur obole à la souscription : ils auront ainsi contribué à opposer une barrière infranchissable aux insensés qui voudraient nous ramener en arrière par la superstition et les principes surannés d'un autre âge.

Vive la République!

Le Comité d'initiative.

DOCUMENT B[1].

Question de la Femme.

Du travail des femmes dans les usines, fabriques, ateliers, prisons et couvents; sa moralisation et son amélioration. Des droits civils de la femme; de son égalité civile et politique. Du rôle des femmes dans la société moderne, ou étude des fonctions indispensables communes à toutes.

Question des Chambres syndicales ouvrières.

Du rôle économique des Chambres syndicales ouvrières; de leur nécessité; de leur fédération; de leur avenir. De l'organisation des caisses de secours et de retraite contre le chômage, la maladie et la vieillesse. De la création de bureaux de placement. Des moyens d'étendre l'action des Chambres syndicales, de propager leur idée et de les amener à se fédérer mutuellement.

Question des Associations.

De la formation et du fonctionnement des associations coopératives de production, de consommation et de crédit. De l'association corporative. Des moyens à l'aide desquels les prolétaires pourront arriver à la possession des matières premières, des capitaux et des instruments de travail nécessaires à l'existence de ces

[1] L'ordre suivi ici est celui adopté par le Congrès pour la discussion des questions.

associations ouvrières de toute nature. De l'esprit d'association et de ses résultats. De la fédération de toutes les associations ouvrières et du rôle qu'elle est appelée à jouer dans l'avenir.

Question de l'Enseignement et de l'Apprentissage.

De l'instruction et de son intégralité. De l'organisation des écoles professionnelles et des services qu'elles peuvent rendre aux travailleurs. De la vulgarisation de l'enseignement économique par la formation de cercles et groupes d'études sociales. De l'apprentissage et de son contrat. Du travail des enfants dans les manufactures, usines, chantiers, mines, ateliers, etc. De la protection des apprentis des deux sexes, et de la prud'homie en matière d'apprentissage.

Question du Travail et Salariat.

Du salariat et de ses conséquences. Des crises industrielles et maritimes. Du chômage, des grèves, et des moyens d'y remédier. Du travail de nuit. De la garantie et du droit au travail. Des Conseils de prud'hommes. *De l'organisation rationnelle et scientifique du travail.*

Question de la Représentation directe du prolétariat aux Corps élus.

De la nécessité de la représentation prolétarienne aux corps élus. De l'indemnisation de toutes les fonctions électives. *Du mandat à donner aux représentants ouvriers.* DE LA FORMATION D'UN PARTI OUVRIER; de sa base; de son organisation; de son programme. De la création d'une presse ouvrière et du caractère qu'elle doit posséder. De l'attitude du prolétariat à l'égard des différents partis politiques.

Question de la Propriété.

De la propriété et de son organisation par l'appropriation, individuelle ou collective, du sol et des instruments de travail. De l'association agricole. Des rapports à établir entre les ouvriers des villes et ceux des campagnes. De la colonisation et de ses moyens.

Question de l'Impôt et de la Rente.

Des impôts de toutes sortes et des réformes susceptibles d'y être appliquées. Des emprunts. Des travaux publics. De la dette de l'État. De la rente.

Question du Libre Échange ou de la Protection.

Du système protectionniste et libre échangiste, étudié au point de vue strict de l'intérêt des producteurs salariés. Des meilleures formes de l'échange. Des monopoles, docks, chemins de fer, prisons, établissements de l'État, mines, etc. De la nécessité de consulter les Chambres syndicales ouvrières sur les traités internationaux. Des moyens de sauvegarder nos intérêts dans la société économique moderne.

Question sociale.

De l'existence de la question sociale et du caractère *politique* et économique qu'elle revêt actuellement.

Des libertés nécessaires aux réformes à réclamer par les travailleurs. Du programme et du plan d'ensemble destiné à servir de ligne de conduite au prolétariat dans son œuvre de rénovation et d'émancipation sociale, afin que tous les efforts, jusqu'à présent épars, convergent vers un but bien déterminé. Des moyens *pratiques* dont le prolétariat peut disposer actuellement pour la réalisation de ses vœux et la réussite du programme et du plan adoptés.

Nota. — On a vu qu'il n'y avait pas eu de résolutions proposées sur cette question, parce qu'elle n'était que le résumé des autres. Donc, non-seulement la question sociale existe pour l'ouvrier, mais toutes les questions sont pour lui des questions sociales.

Document C.

Un citoyen du Congrès de Marseille monte à la tritribune, et, au nom de *soixante et un* de ses collègues, déclare :

Que la propriété individuelle ne peut assurer la satisfaction des intérêts légitimes des ouvriers ;

Que l'impôt, progressif ou fixe, de quelque façon qu'il soit perçu, retombera toujours, en l'état actuel, sur les travailleurs ;

Qu'aucune entente n'est possible entre les détenteurs de la fortune publique et ceux qui la retiennent injustement, impossibilité trop démontrée par la différence des intérêts engagés.

Par ces motifs, le citoyen délégué demande :

Que l'appropriation collective de tous les instruments de travail et de toutes les forces de la production soit poursuivie par tous les moyens possibles.

DOCUMENT D.

« Frères des campagnes de France,

« Vous qui, comme nous, travaillez du matin au soir pour nourrir le pays et augmenter sa richesse, les ouvriers des villes, réunis à Paris, vous envoient leur salut fraternel.

« Nos ennemis communs de la royauté et de l'empire cherchent à mettre la division entre nous; ils sèment des préventions; *ils vous disent que nous voulons le partage et le désordre.* Ne les écoutez pas. Dans le Congrès ouvrier de 1876, vous avez vu vos frères des villes, vos véritables frères; vous savez maintenant ce qu'ils demandent. Ils veulent la solution *de la question sociale*, c'est-à-dire le bien-être pour tous, la grandeur de la France, la justice et la liberté.

« Tous les désordres qui ont pu se produire, et que l'on a mis à notre compte; toutes les utopies économiques; toutes les théories qui inquiétaient les intérêts, vous devez le voir maintenant, ne venaient pas de nous. Ils venaient de faux ouvriers, payés par les ennemis de la République, individus qui veulent avoir le gouvernement du pays pour l'exploiter.

« Serrez donc la main fraternelle et amie que nous vous tendons, et marchons ensemble à la conquête du progrès. »

Nota. — Il est instructif de comparer le document C et le document D.

DOCUMENT E.

« Les délégués soussignés au Congrès ouvrier socialiste de Marseille, n'ayant pas pu, par suite du mode pratiqué par le Congrès pour conclure sur les questions soumises à leur approbation, exprimer leur opinion sur certaines de ces conclusions, qu'ils croient *impraticables* et nuisibles à l'accord des ouvriers, et réprouvant les manifestations révolutionnaires *violentes* qui se sont produites, déclarent dégager leur responsabilité et invitent les Chambres syndicales à réserver toute leur indépendance, et à ne tirer profit que de ce qu'elles croient utile à leurs corporations. »

Nota. — Ce document porte *vingt-trois signatures;* le document C en portait *soixante et une.*

DOCUMENT F.

Dans une de ses séances, le Congrès de Marseille a émis un vœu par lequel il somme les représentants du peuple de voter l'amnistie plénière. Ce vœu a été accueilli avec reconnaissance par les non amnistiés, et un groupe d'entre eux a envoyé au Congrès l'adresse suivante :

« Lorsque les généreux habitants de Port-Vendres, de Perpignan, de Toulouse, de Limoges, de Brest, de Bordeaux, de Paris, acclamaient les rapatriés, les *ministres implacables* soutenaient que la grande mesure d'humanité, de *justice* et de *réparation*, l'amnistie plénière en un mot, n'était que le vœu d'une minorité. Le vœu des délégués mandatés par les travailleurs et venus de tous les points du territoire prouve que la France prolétarienne entière s'enrôle sous le drapeau sur lequel sont inscrits ces mots éclatants : *Justice, fraternité, solidarité sociale*, et ce cri d'humanité : *Vive l'amnistie plénière !* »

Voici une adresse envoyée par le Congrès de Marseille aux réfugiés de la Commune à Londres, en réponse à une lettre de ceux-ci :

« Le Congrès ouvrier socialiste de Marseille applaudit aux encouragements que vous avez bien voulu lui envoyer, et qui *ont été apportés à la tribune. Les délégués réunis ici affirment une fois de plus les principes pour lesquels vous avez combattu et souffert.*

« Enfin, la dernière séance du Congrès ouvrier de Marseille a été levée aux cris de : *Vive l'amnistie!* Il a été décidé, de plus, que les délégués porteraient, en grande pompe, une couronne sur la tombe de G. Crémieux, fusillé pour participation au mouvement insurrectionnel de 1871.

« Dans sa séance du 8 février, le Congrès de Lyon a eu à statuer sur un vœu formulé ainsi par la commission des résolutions : « Amnistie plénière et entière « pour tous les faits se rattachant à la Commune et à « tous les autres faits politiques jusqu'au 16 mai 1877. » Ce vœu, présenté sous prétexte que l'industrie nationale souffrait de l'absence des proscrits, fut retiré après une vive discussion. Afin que personne ne se trompât sur la cause de ce retrait, un citoyen s'écria, au milieu des applaudissements : « L'amnistie est dans « nos cœurs; cela suffit. »

« Dans la séance de clôture du Congrès de Paris, un des membres du comité organisateur a dit : « Sans « sortir de la légalité, et malgré les mailles serrées de « la loi, disons à tous nos frères du globe : Partout où « l'on travaille et où l'on souffre, il y a unanimité « parmi nous à demander la cessation de l'oppression, « l'avénement du droit et de la justice, le règne du « progrès, de la liberté et de la république universelle. »

Nota. — S'il n'a pas été parlé plus explicitement de l'amnistie au Congrès de Paris, c'est qu'on tenait « à rester dans la légalité et à ne pas sortir des mailles serrées de la loi ».

DOCUMENT G.

Article 1er. — Il est formé entre tous les groupes adhérents qui entrent dans l'organisation ouvrière, une fédération de travailleurs socialistes des deux sexes, dans le but de rechercher l'application de la justice, en propageant, autant que possible, les idées émises au sein des congrès ouvriers.

Art. 2. — La fédération se divise en six régions principales, savoir : 1° celle de Paris, ou du Centre; 2° celle de Lyon, ou de l'Est; 3° celle de Marseille, ou du Midi; 4° celle de Bordeaux, ou de l'Ouest; 5° celle de Lille, ou du Nord; 6° celle d'Alger, ou de l'Algérie.

Art. 3. — Chaque région tient des congrès régionaux et s'administre comme elle l'entend.

Art. 4. — Toute adhésion à la fédération doit être transmise au comité général par le comité régional.

Art. 5. — La fédération tient chaque année un congrès, où tous les groupes adhérents pourront se faire représenter. Le congrès devra se tenir, à tour de rôle, au centre de chaque région. Il nomme, à la fin de sa tenue, un comité de dix-neuf membres, qui sera chargé de l'exécution de ses décisions et qui devra se mettre en rapport avec toutes les fédérations. Il se dénommera Comité général exécutif.

Art. 6. — Chaque région a le devoir de présenter au

congrès un rapport général sur sa situation matérielle et morale.

Art. 7. — Chaque groupe adhérent à la fédération verse entre les mains du trésorier du Comité général, *qui doit lui en délivrer un reçu*, cinq centimes par mois, ou soixante centimes par an et par membre, pour subvenir aux frais. Toutefois, après décision du conseil général, une souscription pourra être ouverte dans les groupes adhérents, pour parer aux éventualités diverses qui pourraient surgir.

Art. 8. — Tout groupe adhérent qui s'écarterait de la ligne de conduite tracée par la fédération pourra être exclu de la fédération par le comité régional auquel il appartiendra; toutefois, il pourra en appeler au conseil général exécutif.

Art. 9. — Tout groupe adhérent devra être abonné au *Bulletin* de la fédération, que le Comité général exécutif a charge de faire paraître dès qu'il le pourra. Le prix de l'abonnement sera fixé ultérieurement.

Art. 10. — Ces statuts pourront être modifiés à la fin de chaque congrès; toutefois, demande devra en être faite au Comité général exécutif, deux mois avant l'ouverture de chaque congrès.

Nota. — À Lyon, l'organisation du parti ouvrier est un fait accompli. (Mars 1880.)

DOCUMENT H.

Voici le programme du prochain Congrès, qui doit se tenir au Havre, en septembre 1880. Cette fois on va droit au but, et tous les préliminaires sont supprimés; on ne s'occupe plus que des questions de principe.

Première question : *Salariat.*

Deuxième question : *Propriété.*

Troisième question : *De la Femme.*

Quatrième question : *De l'Instruction et de l'éducation intégrale pour les enfants des deux sexes.*

DOCUMENT I.

Agen.
Aix en Provence.
Alger.
Angers.
Angoulême.

Besançon.
Béziers.
Blois.
Bordeaux.

Carcassonne.
Cette.
Chambéry.
Clermont-Ferrand.

Dijon.
Douai.

Elbeuf.

Givors.
Grenoble.

Le Havre.
Le Mans.
Lille.
Limoges.
Lyon.

Marseille.
Montlhéry.
Montpellier.

Nantes.
Nice.
Nîmes.

Orléans.

Paris.

Rennes.
Roubaix.
Rouen.

Saint-Étienne.

Tarare.
Toulon.
Toulouse.

Vienne.
Voiron.

Nota. — Ce document n'est pas complet.

Document J.

Congrès de Paris.	280.
Congrès de Lyon.	140.
Congrès de Marseille.	130.

Nota. — Pour Marseille, ce tableau n'est qu'approximatif.

Document K.

	Paris.	Lyon.	Marseille.
Question de la Femme.	7	12	14
— de l'Enfant.	10	10	14
— de la Propriété.	»	»	17
— économiques	9	22	14
— du Travail et Salariat. . .	»	22	12
— des Associations.	12	»	17
— des Chambres syndicales et des Chambres de prud'hommes.	28	29	19
Question du quatrième état. . . .	8	20	21
— sociale.	»	»	13
Totaux.	66	115	141
Total général. . . .		322	

Nota. — Ce tableau ne peut donner qu'une idée de ce qui a réellement eu lieu et reste bien en deçà de la vérité. Nous n'avons tenu compte que des discours jugés dignes de l'impression, et non de tous ceux qui ont été prononcés. Au Congrès de Paris seulement, il y avait, avant l'ouverture de la session, plus de deux cents orateurs inscrits.

DOCUMENT L.

Apprêteurs.
Arquebusiers.

Balanciers.
Batteurs d'or.
Bijoutiers.
Blanchisseurs.
Bouchonniers.
Bougies (ouvriers en).
Boulangers.
Boutonniers.
Bronziers.

Cannes et parapluies (ouvr. en).
Chapeliers.
Charpentiers.
Chaudronniers.
Cochers de voitures publiques.
Cordonniers.
Corroyeurs.
Coupeurs de cuir.
Couteliers.
Cuirs et peaux (ouvriers en).
Cultivateurs.

Domestiques.
Doreurs sur bois.

Émailleurs.
Employés divers.

Facteurs d'orgues et de pianos.
Ferblantiers-zingueurs.

Gaîniers.
Galochiers.
Gantiers.
Graveurs.

Horlogers.
Huiles (ouvriers en).

Imprimeurs-conducteurs.
Imprimeurs en taille-douce.
Imprimeurs sur étoffes.
Industrie florale.
Instituteurs.

Lainiers.
Layetiers-emballeurs.
Limiers.
Lingères et brodeuses.
Lithographes.

Maçons.
Marbriers.
Maréchaux ferrants.
Marins.
Maroquiniers.
Mécaniciens-chauffeurs.
Mécaniciens de précision.
Mécaniciens modeleurs.
Mégissiers.
Menuisiers-ébénistes.

Menuisiers en bâtiment.
Menuisiers en chaises.
Métallurgistes [1].
Mineurs.

Ornemanistes en carton-pierre.

Papiers de fantaisie (ouvr. en).
Papiers peints (ouvriers en).
Parqueteurs.
Passementiers.
Pêcheurs.
Peintres en bâtiment.
Piéciers-cloutiers.
Plâtriers.
Poëlistes-fumistes.
Portefaix.
Portefeuillistes.
Poseurs d'appareils électriques.

Raffineurs en soufre et en sucre.
Relieurs.

Savonniers.
Scieurs de long.
Sculpteurs sur bois et en meubles.
Selliers-bourreliers.
Serruriers.
Souffletiers.

Tabletiers en peignes.
Taillandiers.
Tailleurs de pierre.
Tailleurs d'habits.
Teinturiers.
Tisseurs-filateurs.
Tonneliers.
Tourneurs en optique.
Tourneurs-robinetiers.
Tourneurs sur bois.
Tourneurs sur métaux.
Tullistes.
Typographes.

Vanniers.
Vernisseurs en cuirs.
Verriers.
Voitures (ouvriers en).

Nota. — Les professions qui ont fourni le plus de délégués sont celles des mécaniciens, des tisseurs-filateurs, des employés divers, des selliers-bourreliers, des tailleurs d'habits, et enfin des imprimeurs-typographes.

[1] Cette dénomination désigne un grand nombre de professions.

DOCUMENT M.

Un fait social important, et qui nous intéresse autrement que les discussions stériles des Chambres actuelles, aura lieu à Marseille au mois de septembre[1] prochain. Nous voulons parler du troisième Congrès ouvrier national qui se prépare, et qui, nous l'espérons, amènera des résultats importants pour l'émancipation du prolétariat.

Les Congrès ouvriers de Paris et de Lyon ont déjà permis à la classe ouvrière *d'affirmer sa force. Petit à petit elle s'organise* et pourra, *plus tôt qu'on ne pense,* diriger cette force-là, où pèsent plus lourdement sur les épaules du peuple les injustices sociales.

Un congrès ouvrier devait avoir lieu l'année dernière à Paris à propos de l'Exposition. On n'a pas oublié qu'il fut interdit par le Gouvernement, et que plusieurs républicains furent traduits devant les tribunaux à ce sujet. Ce qui fut profondément triste, ce fut de voir l'indifférence des républicains officiels en présence de ces vexations de l'autorité contre d'honorables citoyens. M. L. Blanc, il est vrai, écrivit une lettre, mais qu'est-ce qu'une lettre? Tout le monde écrit une lettre, pour la forme. Il fut prouvé, une fois de plus, en cette circonstance, que les prolétaires ne doivent compter que sur eux pour s'affranchir.

[1] Le Congrès n'a eu lieu qu'en octobre, bien que le mois de septembre eût été primitivement choisi.

Quoi qu'il en soit, nous croyons que le prochain Congrès de Marseille pourra librement avoir lieu cette année, bien que le bruit ait couru qu'il serait interdit par le ministre de l'Intérieur.

Voici ce que nous lisons dans l'excellent journal socialiste *le Prolétaire*, sous la signature A. Lavy :

« Un journal, aussi peu honnête qu'il est modéré, la *Défense*, prétend que le ministre de l'Intérieur a l'intention d'interdire le Congrès de Marseille, sous le beau prétexte qu'il ne serait qu'une manifestation de l'Internationale.

« Le secrétaire de la commission d'organisation du Congrès a protesté aussitôt, et il a bien fait.

« Cela n'a l'air de rien, une note qui paraît dans un journal hostile à la République et même à son Gouvernement, et cependant c'est plus sérieux qu'on ne pourrait le supposer.

« Chose bizarre, en effet, c'est dans les organes réactionnaires qu'il faut chercher les desseins secrets, la pensée intime de nos ministres. Un esprit pervers en conclurait peut-être que les ministres du Gouvernement français sont aussi amis de la République que *ce brave Capet, à qui elle a fait rendre l'âme le* 21 *janvier* 1793; mais nous convenons qu'il aurait tort.

« Si le Congrès de Marseille a lieu, et il aura lieu, *la Révolution en tirera profit;* car, encore une fois, ce sera un pas en avant vers l'organisation socialiste et l'affirmation des droits prolétariens.

« Si par hasard et contre toute justice, le Gouvernement *osait* l'interdire, la démocratie militante ouvrirait peut-être les yeux une bonne fois, et ce serait la fin de l'opportunisme. »

(Extrait du *Père Duchesne*, n° du 16 thermidor an LXXXVII ou autrement dit du 3 août 1879.)

Nota. — Le Gouvernement n'a pas *osé* interdire le Congrès de Marseille, et qui osera nier que la fin de l'opportunisme ne soit proche?

FIN.

TABLE DES MATIÈRES

PARIS. TYPOGRAPHIE DE E. PLON ET Cie, 8, RUE GARANCIÈRE

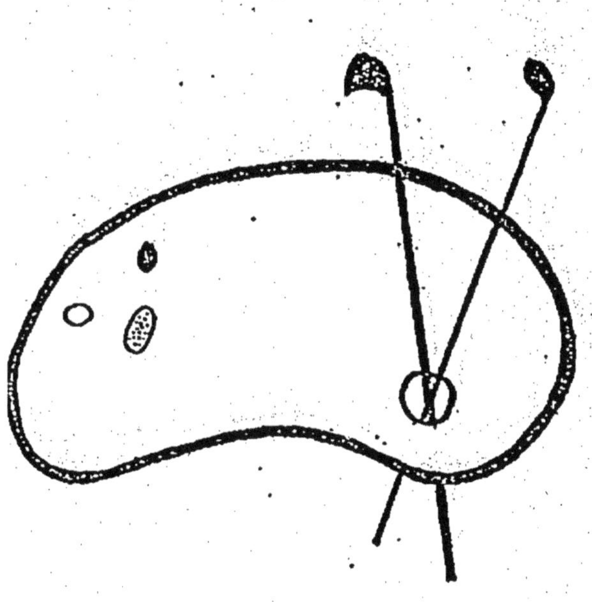

www.ingramcontent.com/pod-product-compliance
Ingram Content Group UK Ltd.
Pitfield, Milton Keynes, MK11 3LW, UK
UKHW020209250726
13967UKWH00003B/1352